成长也是一种美好

学会演讲

让演讲轻而易举的60个秘诀

THE SPEAKER'S COACH

60 Secrets to
Make Your Talk, Speech
or Presentation Amazing

[英]格雷厄姆·肖（Graham Shaw）著

王小皓 译

人民邮电出版社

北京

图书在版编目（CIP）数据

学会演讲：让演讲轻而易举的60个秘诀 /（英）格雷厄姆·肖（Graham Shaw）著；王小皓译. --北京：人民邮电出版社，2020.4（2023.7重印）
ISBN 978-7-115-53147-6

Ⅰ.①学… Ⅱ.①格…②王… Ⅲ.①演讲—语言艺术—通俗读物 Ⅳ.①H019-49

中国版本图书馆CIP数据核字（2019）第296796号

◆ 著　　[英]格雷厄姆·肖（Graham Shaw）
　　译　　王小皓
　　责任编辑　王振杰
　　责任印制　周昇亮

◆ 人民邮电出版社出版发行　北京市丰台区成寿寺路11号
邮编 100164　电子邮件 315@ptpress.com.cn
网址 https://www.ptpress.com.cn
涿州市京南印刷厂印刷

◆ 开本：720×960　1/16
印张：17.5　　　　　　　2020年4月第1版
字数：180千字　　　　　 2023年7月河北第8次印刷
著作权合同登记号　图字：01-2019-5171号

定　价：69.00元

读者服务热线：（010）81055522　印装质量热线：（010）81055316
反盗版热线：（010）81055315
广告经营许可证：京东市监广登字20170147号

名家推荐

想要做精彩的演讲,绝没有一成不变的公式供你生搬硬套。而《学会演讲》中的真知灼见和实战技巧,可以帮助你探寻属于自己的演讲风格。

——克里斯·安德森(Chris Anderson) TED 演讲创始人

《学会演讲》不仅诙谐幽默,更有各种关于演讲的实用技巧与诀窍。对于任何想提升自己演讲技巧的读者来说,这都是本不可多得的好书。

——杰森·约曼森(Jason Yeomanson)
玛莎百货(Marks & Spencer)领导力和管理能力提升顾问

《学会演讲》中的 60 个秘诀非常好用,简单易学。读完本书之后,你绝不可能再把演讲搞砸。

——尼尔·马拉基(Neil Mullarkey)
伦敦喜剧表演商店联合创始人、沟通专家

如果你想在演讲台上表现出众，那么《学会演讲》绝对是你的必读书。全书内容翔实，可读性高且妙趣横生。本书涵盖了演讲过程的各个方面，确保你的演讲水平会大幅提升。

——杰尔姆·卡普兰（Jerome Kaplan）
波士顿大学失语症研究中心语言及语言病理学家

格雷厄姆·肖是著名的公共演讲家，他在《学会演讲》一书中将自己的专业知识提炼为非常实用的技巧，旨在帮助读者在演讲中取得成功。他独一无二的演讲风格正是对书中各个秘诀的践行，所以本书集实用性与趣味性于一体。无论你是公共演讲的新手，还是经验丰富的老手，阅读本书都可以让你找到值得借鉴的秘诀，帮助你提升演讲的现场表现以及演讲的价值与影响。

——约翰·斯沃洛（John Swallow）
Specsavers 光学集团北欧分部学习与发展部主管

如果你要在工作中或者其他场合下发表演讲，《学会演讲》会是你的好帮手。格雷厄姆的 60 个秘诀能让你信心倍增，能力得到提升，在听众面前更加放松，更能让你传达的信息充满感染力。

——大卫·哈斯克尔（David Haskell）
大安格利亚铁路公司学习和发展部经理

格雷厄姆的书跟他的演讲一样，内容引人入胜、妙趣横生。《学会演讲》可以帮助所有人战胜令人望而却步的公共演讲。无论你是演讲新手，还是需要在某个方面提升的老手，这本书都是你的必读之书。强烈推荐。

——丹尼丝·蒂尔松（Denise Tillson）
Holiday Extras 公司学习与发展部专家

名家推荐

我喜欢教人行动的书,《学会演讲》这本书易读易懂,内容丰富,重点突出,对想要成功的演讲者来说,这是本必读书。

——迈克尔·赫佩尔（Michael Heppell）
演讲家、《卓越行动力》作者

《学会演讲》将帮助你把自己的演讲打造成经典之作！本书绝对是演讲类图书中的瑰宝,它引人入胜,为你提供指导,教授各种技巧,让你能在讲台之上令听众惊叹不已。你能学到的秘诀和技巧包括：为什么声音节奏不同产生的效果也不同、如何记住听众的名字、如何让演讲感染更多人、如何积极地影响听众……阅读本书,你能学会克服演讲中的恐惧,提升演讲能力,让听众有所收获。

——纳伊玛·帕沙（Naeema Pasha）
雷丁大学亨利商学院职业发展部主任

《学会演讲》道出了成为优秀公共演讲家的秘诀。这本书能有效提升你的演讲水平。

——劳拉·博德威克（Laura Bodwick） 个人发展培训师

只要你需要面对听众,《学会演讲》这本简单、实用、有趣的书都能助你一臂之力。本书引导读者纵览演讲的关键步骤和策略,保证听众能够感受到演讲者的个人魅力。书中既有演讲常识,又风趣幽默,读者读后可以学会演讲。无论是新手还是老手,都要买来一读！

——伊丽莎白·胡佛（Elizabeth Hoover）博士
波士顿大学演讲语言和听力学院临床医学副教授

《学会演讲》这本必读入门书是格雷厄姆·肖写给那些希望提高自己公共演讲能力的读者的，这本书介绍的各种实用技巧，能够激发你的潜能，让你能像TED讲台上的演讲者一样。

——弗拉德·戈兹曼（Vlad Gozman）

TEDx 维也纳创始人兼管理者

译者序

在传统观念里,"沉默是金,开口是银""以德服人"这样的观点始终占有一席之地,公共演讲也绝不是国人的必修课,大家似乎觉得公共演讲只是少数人的事情。然而在西方社会,无论是从政还是经商,公共演讲始终是绕不开的话题,出色的演讲能力也是所有成功人士必备的技能。随着我们对西方的企业文化和运营模式的借鉴不断深入,公共演讲也逐渐深入我们的日常生活与工作之中。工作中的每周例会、项目报告、年度总结都是考验大家演讲水平的场合,而高校学生也会遇到课程汇报、社团活动、论文答辩这样需要在众目睽睽之下发声演讲的情况,甚至在日常社交、家庭聚会中,我们也经常会主动或者受邀就某个问题发表看法。

对任何想要迅速提升自己公共演讲水平的读者来说,《学会演讲》都是绝佳的选择。本书作者格雷厄姆·肖不仅多次在 TED 上发表演讲,并且帮助了许多企业家提升演讲水平,他更是走进社区,为普通民众带去涉及各种主题的演讲。他的演讲风格正如自己书中推崇的那样:以权威可信为主,以妙趣横生为辅。我想这也是许多演讲者希望自己掌握的演讲风格,那么阅读这本书,你可以受益良多。

无论你目前的演讲水平处于哪个阶段，本书都可以为你带来全新的体验与收获。对于初涉公共演讲的读者来说，本书会手把手地教你一步一步准备演讲、练习演讲、开始演讲。可以说，这本书是你保姆型的贴身教练，作者会回答你在演讲中可能遇到的所有问题。而对于已经具备一定的演讲经验且形成了自己的演讲风格的读者来说，这本书也具备相当大的价值。首先，它可以帮助你查漏补缺，在你准备演讲的各个阶段，本书都可以作为参照手册，用来检查各个阶段是否准备妥当；其次，书中介绍了深度学习资源，如果你需要对某个方面或细节进行深度研究，那么你可以轻而易举地找到学习材料，这无疑可以给你指明方向，并且帮你节约大量的时间。

另外，我想还有两类人特别适合阅读本书。一类是英语学习者，对于中国的英语学习者来说，TED 演讲是最常见的练习听力或口译的材料，我们往往将其视为语言学习的工具、快速获取某个领域知识的途径，但是我们忽略了其最重要的属性，即它们都是非常优秀的演讲。本书提到了大量的 TED 演讲，我相信其中很多大家都听过，但可能只是在学习其中的英语单词或者表述，粗略了解其中的内容，却没有关注这些演讲的精妙所在。我相信本书会为大家补上这一课。另外一类适合阅读本书的读者是教师，我从教至今已有 10 年，深知做一名好老师的不易与艰辛，自己也在不断地学习与摸索。虽然课堂教学可能与公众演讲有许多不同之处，但也不乏异曲同工、彼此相通的内容，比如本书介绍了视觉辅助、手势的使用以及如何用声音打动听众等内容，它们在课堂之上同样非常实用。而且本书许多从听众角度考虑问题的理念都与教育学中的思想暗合，相信能给老师们带来启发。

希望读者开卷有益，让自己的演讲水平再上一层楼。本人水平有限，再加上时间紧张，书中难免会有不足与错误之处，希望能与大家就书中的内容进行沟通交流。

最后，感谢家人，特别是母亲对我工作的支持。

王小皓

目 录

引 言 / 1

第一部分
准备演讲 / 5

第一章　重新认识演讲 / 7
　　秘诀 1　如果你想进行一场精彩的演讲,要注意细节 / 7
　　秘诀 2　你帮助了听众,听众也会帮助你 / 10
　　秘诀 3　要有自己的风格,但也要集百家之长 / 13
　　秘诀 4　要与听众对话,不要唱独角戏 / 16
　　秘诀 5　为什么"即兴演讲"绝非好主意 / 19

第二章　设定演讲规则 / 23
　　秘诀 6　演讲成功 4 要素:始终牢记结果、培养亲和感、
　　　　　　全神贯注、随机应变 / 23
　　秘诀 7　演讲规则要以结果为导向 / 26

秘诀 8　分 6 步准备你的演讲 / 29

秘诀 9　回答好 4 类问题：为什么、是什么、怎么做、怎么应对 / 35

秘诀 10　合理组织演讲，保证逻辑通畅 / 39

秘诀 11　变换节奏，唤起听众的好奇心 / 44

秘诀 12　将听众的初始感受作为演讲的出发点 / 47

秘诀 13　向听众展示"现在"和"未来" / 52

秘诀 14　如何激励听众采取行动 / 55

秘诀 15　运用亚里士多德的"说服三要素" / 60

秘诀 16　起好演讲标题事半功倍 / 63

秘诀 17　发挥潜意识的力量，激活创造力 / 68

秘诀 18　规划演讲的时候，请关掉电脑 / 72

秘诀 19　如何构建一次"即兴演讲" / 76

第三章　一张幻灯片抵千言万语 / 81

秘诀 20　你的幻灯片绝不等同于你的演讲 / 81

秘诀 21　使用感染力强的视觉辅助手段让听众牢记演讲内容 / 84

秘诀 22　制作令人过目不忘的幻灯片的 5 个原则 / 88

秘诀 23　"画"出你的想法并使观众信服 / 93

秘诀 24　6 招玩转活动挂图和白板，提升演讲感染力 / 99

第四章　为演讲加入闪光点和戏剧性 / 104

秘诀 25　在演讲前 30 秒抓住听众注意力的 4 种方式 / 104

秘诀 26　创造"哇时刻"，让听众深信不疑 / 108

秘诀 27　用故事和比喻抓住你的听众 / 112

秘诀 28　善用幽默 / 116

第二部分
练习演讲 / *121*

第五章　紧张很正常 / *123*

- 秘诀 29　做好演讲不需要你进入禅定时刻 / *123*
- 秘诀 30　紧张的时候多做深呼吸 / *126*
- 秘诀 31　演讲并不需要一字不差 / *130*
- 秘诀 32　在脑海中预演演讲并发现问题 / *134*
- 秘诀 33　演练！演练！再演练！ / *138*
- 秘诀 34　寻求"试听者"的反馈 / *142*

第三部分
开始演讲 / *149*

第六章　该说什么，该怎么说 / *151*

- 秘诀 35　确保你的演讲内容、声音、肢体语言传递的信息是一致的 / *151*
- 秘诀 36　如何做到言简意赅，让听众迅速明白你的意思 / *155*
- 秘诀 37　使用问句和听众互动，让他们聚精会神 / *158*
- 秘诀 38　重复关键信息，让听众牢牢记住 / *162*
- 秘诀 39　7 招让你的声音悦耳动听 / *166*
- 秘诀 40　抓住听众的注意力，传递重要信息 / *169*
- 秘诀 41　语速不宜过快，也不宜过慢 / *173*
- 秘诀 42　架构和再架构的艺术 / *177*
- 秘诀 43　如何消除听众的潜在反对意见 / *180*
- 秘诀 44　在解释改变的时候谨慎选择你的措辞 / *184*
- 秘诀 45　记住对方的名字 / *188*

第七章　该做什么，该怎么做 / 193

  秘诀 46　什么样的站姿能提升你的影响力 / 193

  秘诀 47　如何用目光交流连接所有人 / 198

  秘诀 48　用描述性手势来表达你的意思 / 202

  秘诀 49　如何用手势表示时间概念 / 207

  秘诀 50　用手势强调观点、联系听众 / 211

  秘诀 51　既要确保可信度，又要适时展现亲和力 / 217

  秘诀 52　让听众对下一张幻灯片翘首以待 / 221

  秘诀 53　如何在播放幻灯片时引导听众的注意力 / 225

第八章　如何提问，如何回答，如何结尾 / 232

  秘诀 54　演讲中该如何向听众提问 / 232

  秘诀 55　如何确保听众在预设的时间内提问题 / 236

  秘诀 56　6 招让你在提问环节与听众"愉快合作" / 240

  秘诀 57　演讲不要在问答环节之后戛然而止 / 244

  秘诀 58　如何掌控问答环节 / 247

  秘诀 59　用好奇心来应对反对意见 / 252

  秘诀 60　让演讲在高潮中收尾 / 258

附　录　/ 262

致　谢　/ 265

作者简介　/ 267

引　言

有些演讲者在谈话（talk）、演讲（speech）、陈述（presentation）中表现出众，举重若轻。这种优异的表现绝非魔法的力量，而是认真准备和努力练习的结果。很多人认为演讲才能是与生俱来的，事实上，这种能力是可以后天习得的。演讲者成功背后付出的艰辛努力听众鲜有察觉，当然，演讲者也不应该让听众察觉，因为演讲者应该让听众把注意力集中在演讲的内容上。

开卷有益

注：本书插图均由原书作者格雷厄姆·肖绘制。

我写这本书的目的，是想带领你深入成功演讲的幕后，与你分享一场成功的演讲最核心的秘密。我将成为你的演讲教练，帮助你像那些成功的演讲者一样，紧扣听众的心弦。无论你是初涉公共演讲领域，还是已经有些许经验，本书都将帮你抓住听众的注意力，让听众全身心投入你的演讲中。

为什么要花时间学习公共演讲技能

你需要思考谈话、演讲、陈述之外的问题，思考你想实现的结果，比如，一次成功的演讲可以对你产生以下影响。

- 带来改变；
- 启发听众用全新的方式思考问题；
- 号召听众行动起来，支持某项事业；
- 推广、普及某个观点；
- 促进个人的职业发展；
- 激励团队做出更好的表现；
- 为你出席的社交活动带来积极的改变；
- 达成许多其他目的。

在公开场合进行演讲时，如果你神态自若、信心满满，那么，无论是你还是你的听众都会受益无穷。

为什么你要听我的

我喜欢帮助大家提升演讲技巧。读这本书并不需要很长时间，但作为一个专业的演讲者和演讲教练，我会将过去 20 多年来积累的最核心的秘诀与经验倾囊相授。

我曾多次登上TEDx的讲坛，也曾在各种会议、论坛和培训课程上演讲。作为演讲教练，我辅导过TEDx的演讲者、商界领袖和国际组织的工作人员，也辅导过来自各类学校的师生，这些经历让我能更深入地理解如何吸引听众。

我会分享我对演讲艺术和演讲科学的研究成果，你绝对会从中受益。除此之外，多年来我有幸得到诸多优秀演讲者和培训师的指导，他们教给我很多演讲技巧，所以，阅读本书，你能间接地汲取他们的智慧。

你将学到什么

通过阅读本书，你将获取大量信息、观点与技巧，提升自己的公共演讲能力，轻松应对各种演讲。

按照演讲的进程划分，本书的60个秘诀可以分为3大部分：准备演讲、练习演讲、开始演讲。所有的演讲秘诀都以统一的形式呈现，这会方便你读懂本书，轻松地从每个秘诀中学到你需要的内容。

如何用好这本书

提升公共演讲水平的途径并非只有一条，许多方法都非常有效。由于演讲者的风格不同，所以他们的每次演讲也各有特色。因此，当你阅读本书时，请根据个人情况以及你需要准备的演讲的要求从书中选择最合适的观点和技巧。

阅读本书的方式完全取决于你个人的学习习惯和偏好。有些读者可能更喜欢从头到尾通读，但是，即便是跳着读这本书，你也能获得同样的效果。

本书实用性极强，我设置了专门的部分让你能把学习到的技巧应用到实际演讲中。书中每个秘诀中都设置了一个小环节——"轮到你了"，该环节将帮助你巩固知识、拓展技能。书中的许多练习都要求你把掌握的技能运用到自己的谈话、演讲、陈述中，因此，作为读者，你要先在脑海中预设一个可供练习的场景。

介绍秘诀时，我提供了一些"深度学习资源"，其中列出了相关书籍的名称，它们可以帮助你更深入地了解相关内容。

让我们开始吧

我很高兴能帮助你提升演讲技巧，希望你喜欢这本书。谁也不能预测你的谈话、演讲、陈述会产生怎样的影响，可能你的某次演讲会使某人发生巨大的改变，而你影响的人其实也包括你自己。

准备演讲 | 1

第一章
重新认识演讲

秘诀 1

如果你想进行一场精彩的演讲,要注意细节

谁也无法确保自己的谈话、演讲、陈述能够永远出彩、成功,显然世界上没有这样的魔法。但是,只要你注重准备、练习和开始演讲时的每处细节,你成功的概率就会大大增加。

为什么这点至关重要

关注细节会对你的演讲产生以下影响:

- 你会对每个细节的重要性有深刻的认识;
- 你不会遗漏重要的环节;
- 你会倾尽全力让演讲尽善尽美;
- 你在演讲时会更加自如;
- 你会对自己的演讲更有信心,这样,你登台时会表现得更好;
- 你的演讲会更有说服力。

当然，即便你准备充分，错误依旧在所难免。即使是那些赢得了重要比赛的高尔夫球手，也难免会在比赛中打出糟糕的几杆；专业音乐家的表演在观众看来似乎无懈可击，但其实他们自己也承认在表演中会犯一两次错误。问题的关键在于他们的准备非常充分，这大大降低了失误发生的概率。因此，尽管偶尔会出错，但他们的表现仍可圈可点。公共演讲亦是如此。

在任何愿意听你演讲的人面前，练习、练习、再练习

如果你想演讲成功，那么事无巨细，皆需准备。

怎么做

1. 精心准备

出色的演讲是精心、细致准备的结果。

给我六小时砍倒一棵树，我会用头四小时来磨斧子。

——亚伯拉罕·林肯（Abraham Lincoln）

未雨绸缪，缜密的计划当然必不可少，但是演讲涉及方方面面，很难找到着手准备的切入点。本书在"准备演讲"这一部分还分享了其他秘诀，通过阅读这些秘诀，你会知道演讲需要准备什么以及如何准备。

2. 反复练习

优秀的演讲者绝不会让演讲有一丝不确定性，他们的演讲往往自然流畅，这正是他们反复练习的结果。

TED 演讲创始人克里斯·安德森曾将史蒂夫·乔布斯（Steve Jobs）誉为"近年来最伟大的企业推广人之一"，克里斯说："每次苹果召开重要产品的发布会时，他都会一丝不苟，精心演练数小时。他极其重视每一个细节。"在练习时推敲每一个细节可以大幅改善现场演讲的表现。

关于如何做好演讲准备，读者可以阅读本书第二部分。

3. 表现自信

如果你准备充分，并且进行了反复练习，那么在正式登台演讲的那天，你基本上可以自信发挥。这种自信表现的源泉是周密细致的计划，是不厌其烦的练习，而自信的表现也是演讲能震撼听众的关键。

关于如何在现场演讲时有良好的发挥，读者可以阅读本书第三部分。

> **Tip 小诀窍**
>
> 要想演讲成功，你必须尽早着手准备，演讲的准备环节非常费时。

> **Try 轮到你了**
>
> 回想一下此前你是如何准备、练习和开始演讲的？针对这三个阶段回答下述问题。
>
> （1）你做得比较好的是哪些方面？
>
> （2）下次应该改进的是哪些方面？
>
> 记住你的答案，下次准备演讲时提醒自己注意这些问题。

> **深度学习资源**
>
> 《演讲的力量：如何让公众表达变成影响力》（*TED Talks: The Official TED Guide to Public Speaking*），克里斯·安德森，2016.
>
> 该书能为你准备、练习和开始演讲提供专业指导。

秘诀 2

你帮助了听众，听众也会帮助你

通常情况下，演讲者会害怕听众，将听众置于自己的对立面上，好像双方处于斗室之中。但是，当你演讲的初衷是向听众提供帮助时，这种心态会对听众产生积极的影响，让他们支持你。

为什么这点至关重要

如果你的思维能跳出演讲本身，通常情况下，你会希望听众在听完你的演讲之后能有所收获，而这一目标需要听众来实现，那么作为演讲者的你与听众就变成了合作伙伴。

罗伯特·西奥迪尼（Robert Cialdini）在对影响力的研究中发现，互惠是提升影响力的关键因素，因为在受到帮助时，人们自然而然地会想回报对方。因此，当你抱着提供帮助的心态进行演讲的时候，会产生以下影响。

- 让你始终保持积极的态度；
- 让听众更有可能以类似的心态做出回应；

- 减少恐惧，而恐惧正是阻碍你表现良好的原因；
- 营造积极的演讲氛围；
- 让你进入活跃的演讲状态；
- 让你的演讲顺畅、流利；
- 让听众愿意对你的事业给予支持。

怎么做

1. 向听众展现引人入胜的结果

一开始就要让听众知道本次演讲能给他们带来哪些收获。利用本书提到的开头技巧，争取获得听众的认同。在此之前，切忌过早地深入主题。

肯已经准备好了，他相信自己能应付常见的问题

2. 照顾听众的兴趣

要让听众知道你关心他们。你与他们可能素未谋面，但这并不意味着你不能关心他们的利益，要从他们的视角出发看待事物，确保你的演讲内容会围绕听众的利益展开。

> **Tip 小诀窍**
> 想听众之所想。

3. 与听众建立默契的关系

西奥迪尼的研究还发现,"喜欢"也是提升演讲者影响力的关键因素。当人们喜欢你时,他们通常会给予你更多的帮助,但这并不意味着你要过分讨好听众,合理的做法是用多种方式与听众建立"亲和感"(rapport)。信誉和权威可能是听众喜欢你的原因,但友善的态度同样也能让你受到听众的欢迎。

4. 为听众带来非凡的体验

你的演讲如同一段想象中的迷人旅程,你要与听众一道出发,带领听众充分利用这段时光。演讲带给听众的体验与他们生活中的经历一样,可以严肃认真,也可以轻松自在,但无论体验如何,演讲都要有意义、耐人寻味。

5. 给听众奉上智慧结晶

当然,演讲者在发表看法的时候,难免会谨慎小心,有所保留。但我的亲身经历表明,这完全没有必要。当你尽可能为听众提供最好的信息和想法时,不仅他们会从中受益,你自己也能受益。

6. 让听众成为现场的明星

通常情况下,人们认为演讲者是现场的主角,他们像舞台上的歌手一样闪耀。但是,从演讲者的角度出发,如果你能把现场的焦点集中在听众身上,让他们星光闪耀,那么你的演讲势必会更接近成功。没错,你是演讲者,但最终要实践演讲内容的人恰恰是听众。演讲本身毫无用处,只有听众做出了相应的行动,你的演讲才能发挥效用。听众会吸纳你的观点,并以自己独特的方式加以运用。从这个意义上讲,他们才是你演讲中的明星,而且事实证明,将听众视作现场明星的做法会给予演讲者极大的回报。

无论你演讲的话题是什么,尽量让演讲为听众服务。

> **Try | 轮到你了**
>
> 构思一个演讲,写下听众听演讲的三个主要理由,确保演讲能最大限度地使听众受益。将这些内容融入演讲的开头部分。

> **More | 深度学习资源**
>
> 《影响力》(*Influence: The Psychology of Persuasion*),罗伯特·西奥迪尼,2009.

秘诀 3

要有自己的风格,但也要集百家之长

顶尖的运动员或者音乐家在接受采访的时候都会被问及为何他们的表现如此出众。通常情况下,他们都会将出色的表现归功于自己学习的榜样,尽管如此,这些顶尖的运动员或者音乐家依旧保有独特的风格。演讲亦是如此。

为什么这点至关重要

向那些业已成名的演讲大师学习、求教可以让你在演讲时将水平发挥到极致。

- 即使你是"天赋型"演讲者,你仍然可以百尺竿头,更进一步。
- 保持自己的演讲风格可能让你感觉良好,但是你的风格对于其他人来说可能并不理想。
- 如果你只是一味地模仿他人,你就无法拥有独树一帜的风格。
- 利用其他演讲者花费数年才找到的行之有效的办法可以节省大量时间。
- 你可以学习的东西很多,再小的诀窍也能改变你的演讲。

怎么做

1. 向其他演讲者学习

下次当你遇到优秀的演讲者时,不要仅仅关注他们演讲的内容,还要关注他们演讲的技巧。在网上找一位你特别喜爱的演讲者,仔细观察他们的演讲,留意他们的哪些技巧令演讲加分。你应该将他们在演讲上可供借鉴的言行都记录下来,用来提升自己的演讲技巧。

自从达芙妮上了演讲课,她周一的汇报变得不一样了

2. 从相关专业学习

有些专业涉及的技巧与我们在演讲中使用的技巧有相似之处，比如广播和电视节目、喜剧表演或其他形式的轻娱乐。你可以观看或收听此类节目，观察这些领域内从业者的工作内容和技巧，寻找值得借鉴和吸收的内容。

3. 从完全不相关的专业学习

尽管有些专业与演讲间的联系似乎并不明显，但这些领域中的专业人员常有各种出色的临场表现，我们也可以从中汲取经验，将其应用在演讲上。你可能会目睹其他领域的专业人员精彩的临场表现，可能听到他们谈论此事，你可以学习他们如何进入状态，以及他们如何迅速摆脱错误带来的消极影响。

4. 从你所做的其他事情中学习

你真正擅长的事情可能与演讲毫无关系，比如烹饪、园艺、音乐或运动。然而，仔细思索之后，你会发现这些事情其实与演讲有着千丝万缕的联系，做这些事情所需要的品质和技能都可以迁移到演讲上，比如，恪守时间安排或是事前精心准备。回想那些你擅长的事情，分析哪些品质和技能可以迁移到演讲上。

5. 了解你的独特风格

每次演讲，你都可以进一步了解自己的演讲风格。留意你演讲中的哪些方法行之有效，而哪些方面可以改进。花些时间回顾你的演讲表现，提升自我风格意识，从他人那里获取反馈信息，你会逐渐发现属于自己的有效的演讲方式。这能让你迅速改正缺点，继续发扬优点。

任何人都可以成为一个优秀的演讲者，关键在于发现属于自己的独特风格。

——加文·米克尔（Gavin Meikle）

> **Tip 小诀窍**
>
> 写下你认为自己作为演讲者所具备的最大的优势，并继续保持。

> **Try 轮到你了**
>
> （1）选择一个优秀的演讲者，你认识或不认识的均可。
> （2）写下他在演讲中表现极为突出的方面。
> （3）判断你是否可以将这些优点融入自己的演讲风格。
> （4）思考你在下一次演讲中如何将学来的品质或技能融入自己的风格。

> **More 深度学习资源**
>
> 《即兴演讲》（*Impromptu:Leading in the Moment*），朱迪思·汉弗莱（Judth Humphrey），2018.[①]

秘诀 4

要与听众对话，不要唱独角戏

演讲看似是单方面的讲授，但事实绝非如此。听众每时每刻都在以各种方式回应演讲者，他们会通过眼神、表情和手势等肢体语言与演讲者交流。他们可能开心大笑、欢呼喝彩，或是惊讶得倒吸一口冷气。

许多听众厌倦了沉闷老套的"正式"演讲，所以当演讲者以"生活化"的方式与他们交谈时，他们往往如沐春风。演讲中，如果演讲者能与听众对话，而不是唱独角戏，听众的体验会更好。

[①] 中译本已由人民邮电出版社出版。——编者注

为什么这点至关重要

对话给予听众的感觉不同于单方面讲授,这是因为:

- 单方面讲授时氛围往往正式而严肃;
- 对话的气氛通常是非正式且比较友好的;
- 以对话的形式进行演讲通常能让听众放松下来;
- 以对话的形式进行演讲可以让演讲者轻松地与听众培养亲和感。

怎么做

让演讲风格更贴近对话的方式有以下 5 种。

1. 演讲"如同"对话

你的观念会影响你演讲的方式,从而影响听众的反应,这就是观念的力量。当你把演讲当成对话来进行时,听众会觉得你和他们建立了更亲密的关系。因此,不要抱着唱独角戏的心态,要把演讲当作对话。

2. 听众"如同"你素未谋面的朋友

此前,在我负责的所有培训课程开始时,我都会感到惴惴不安。

我担心某些参与者会很难"管理"。然而,当我开始了解参与者时,我发现每个人都非常友好。我忽然意识到,与其坐等开场之后再了解听众,不如从一开始就预设听众都非常友好。因此,我将听众视为我素未谋面的朋友,这能让我更加自信。

你应该将听众视为自己的朋友,这将改变你对他们的看法以及他们给予你的回应,达到双赢的效果。

尽管员工都很喜欢杰夫，但是他们觉得他的演讲完全是在聊天

3. 演讲"如同"讲故事

对于有些演讲者和听众来说，演讲可能变成一场漫长的折磨。一张张幻灯片可能会摇身一变，成为一道道屏障。但是，从某种程度上来说，演讲如同给听众讲故事，它应该有开头，有主体，也有结尾。

如果你的演讲像讲故事，那么你的解释说明会更加清楚易懂，听众就能更容易理解和接受你给出的信息。使用这一秘诀，将演讲变成讲故事，让听众如同翻阅一本好书那样醉心于演讲中。

> **Tip 小诀窍**
>
> 使用"如同原则"实现你的演讲目标。

4. 准备好过渡环节，让演讲更流畅

好的对话流畅通顺，好的演讲也应如此。要想实现这一目标，演讲者需要确保前一个观点与后一个观点之间有良好的衔接。过渡衔接部分如同路标，让听

众意识到整篇演讲是如何连在一起的。听众希望演讲中衔接部分清晰、明确，这样，他们才可以紧跟演讲者的思路。

5. 不要照本宣科，要与读者交谈

不要照着演讲稿或者幻灯片读，除非你需要逐字引用其中某些内容。照本宣科会让你的演讲听起来非常呆板，听众可以看到你只是在诵读写好的内容，这样演讲产生的效果与交谈式演讲的效果恰恰相反。

用对话的方式来组织演讲吧，听众会因此爱上你的演讲。

秘诀 5

为什么"即兴演讲"绝非好主意

"即兴演讲"意味着完全不做准备就登台演讲，或是凭经验临场碰运气。如果一场演讲非常重要，那么它就值得我们花费适当的时间去准备，没有充分准备的演讲很难取得成功。

为什么这点至关重要

有人选择即兴发挥，因为他们觉得这样自己会更放松、更自然，然而，即兴发挥很难保证你能取得理想的效果。

在任何需要付出汗水才能成功的领域，靠即兴发挥很难取得良好的效果。你也许会看到音乐家或运动员轻而易举地做出了出色的表现，然而他们的举重若轻只是表象，一切出色的表现都得益于精心的准备，公共演讲亦是如此。

即兴发挥之所以很难获取理想效果,是因为它会导致下面这些状况。

- 遗漏重要细节;
- 无法预见或应对反对意见;
- 受困于未曾预料到的问题;
- 演讲结构混乱;
- 过于以自我为中心;
- 演讲"漫无边际"而非言简意赅;
- 流露出缺乏准备的迹象;
- 演讲超时。

怎么做

1. 分析自己应该做哪些必要的准备

每周例会上要汇报的近期情况和年会演讲所需的准备工作显然不可同日而语。

当卡伦把首席执行官多琳称为秘书时,她即兴发挥的演讲彻底失败了

> 失败的准备就是准备去失败。
>
> ——本杰明·富兰克林（Benjamin Franklin）

要想知道你需要做多少准备工作，你可以做以下这些事。

- 考虑演讲需要取得的结果，如果结果具备较高的价值，那么为之精心准备就非常值得；
- 考虑一下，如果演讲出问题，会有什么样的后果。给客户做展示时犯错，后果显然比跟同事交谈时犯错严重得多；
- 在你的同事或者朋友面前试讲，测试你是否做好了充分准备。

> **Tip 小诀窍**
>
> 对于"利益攸关"的演讲，你只有认真筹划才能取得理想的结果。

2. 习惯在短时间内做好准备

若是时间有限，你可以按照下述建议来完成准备工作。

- 使用本书介绍的准备演讲的步骤。即使准备时间比预想的短，这些步骤仍然有效。
- 不要把时间花在记演讲词上，学会利用提示卡。
- 使用既有材料而非新撰写的内容，这样可以大大节约时间。
- 你的朋友或同事可能做过类似的演讲，你可以向他们寻求建议，来缩短准备时间。

3. 练习即兴演讲

养成在演讲中即兴说上几句的习惯，这样可以减少你在准备期间记录细节的笔记的数量。例如，你去参加会议，被要求在没有事先准备的情况下发言，那么你可以使用下面的办法，口若悬河地完成发言。

- 使用秘诀 19 指导你即兴演讲，你将学会如何在头脑中构建演讲框架，理清思路并迅速组织语言进行表达。
- 学习秘诀 30，它可以帮助你克服焦虑不安的情绪。
- 运用肢体语言的相关技巧，秘诀 35 将帮助你学会保持自信，秘诀 40 将告诉你如何通过肢体语言和声音提升演讲的可信度。
- 如果你有时间，粗略地写下演讲涵盖的几个要点，这显然胜过毫无规划便匆匆上阵。

妥善准备会带给你丰沃的回报。

> **轮到你了**
>
> 下次进行谈话、演讲或陈述时，写下以下内容。
>
> （1）做好本次演讲能获取的三个最大的好处是什么。
>
> （2）搞砸本次演讲会导致的三种最糟糕的结果是什么。
>
> （3）需要准备的主要事项是什么。

> **深度学习资源**
>
> 《演讲者的极限：如何解锁你内心的演讲者》（*The Presenter's Edge: How to Unlock Your Inner Speaker*），加文·米克尔，2016.
>
> 这本书简洁明了地介绍了很多实用的演讲窍门，特别适合准备时间较短、希望迅速提升水平的演讲者。

第二章

设定演讲规则

秘诀 6

演讲成功 4 要素：始终牢记结果、培养亲和感、全神贯注、随机应变

这 4 个成功的关键要素是本书其他秘诀的根基。在准备、练习和开始演讲的全过程，你都需要把这 4 个关键要素放在首要位置。

为什么这点至关重要

这 4 个要素至关重要是因为：

- 事实证明，每一位伟大的演讲者都会使用这 4 个关键要素，即使他们自己没有意识到；
- 如果你的演讲中没有体现这 4 个要素，你就无法说服你的听众；
- 这 4 个要素可以指导你面对不同的听众，应对不同的情况；
- 这 4 个要素让你既胸有成竹，又能随机应变；
- 如果你能深入了解这 4 个要素的重要性，那么你的演讲能力将大大提升。

珍妮渴望记住演讲成功的 4 要素，
但她的备忘笔记似乎分散了听众的注意力

怎么做

一次成功的演讲需要做到以下 4 件事。

1. 始终牢记结果

不同于"问题思维"（problem thinking），"结果思维"（outcome thinking）可以帮助你聚焦演讲目标。始终牢记演讲结果能让你知道演讲的准备工作在什么时候才算完成，同时，"结果思维"也能让你在准备、练习和开始演讲这三个阶段都能有更好的表现，因为你在不断思索你要采取的行动能否促成你想要的结果。

2. 培养亲和感

想要说服听众倾听你的想法，你就需要与之培养亲和感。当你面对大家演讲时，你无时无刻不在影响着他们。实际上，在你踏上演讲台的那一刻，甚至在你开口讲话之前，人们已经对你有了印象。影响无处不在。

在我们引导听众跟随我们的思路进入演讲之前,我们需要与他们培养并保持亲和感。培养亲和感的秘诀之一是与听众步调一致,从听众的角度,而不是你自己的角度出发,开始你的演讲。

3. 全神贯注

全神贯注是指你需要关注现场正在发生的事情,你需要充分调动你的眼睛和耳朵,我们有时候称之为"感官意识"(sensory awareness)。你需要将注意力集中在外部世界,而非你的内心想法,比如,你需要关注现场的听众,这样你就可以接收到听众对演讲的反馈。这是极其关键的,因为你可以从反馈中了解听众对演讲的接受程度。关注现场情况能让你发现问题,并在问题蔓延之前将其解决。比如你可以从听众的反应中知道自己是正在与听众培养亲和感,还是在消磨亲和感。

关注现场情况,提早发现问题。

4. 随机应变

如果你的感觉告诉你,演讲中某些部分效果不佳,那么你应该做出调整。在准备和练习阶段,你尝试不同方案时需要随机应变。实际演讲时,你可以做出细微的调整,当然有时也可以根据情况做出较大的改动,比如,当你与听众"渐行渐远"时,你的首要任务是与听众重建亲和感。

> **Tip │ 小诀窍**
>
> 始终牢记演讲要达成的结果,同时明白实现方式可以是灵活多样的。

将演讲成功的 4 要素付诸实践,优化你的演讲表现。

> **Try 轮到你了**
>
> 演讲者可以通过以下练习，与听众培养亲和感。
>
> (1) 下次与人交谈时，注意对方的面部表情。
>
> (2) 关注亲和感程度的增减情况。
>
> (3) 在小组活动中，观察哪些成员之间培养出了亲和感，哪些成员之间没有。
>
> 通过这个练习，下次为小范围听众做演讲时，你对亲和感程度的观察力会切实提升。

> **More 深度学习资源**
>
> 《诚信的影响力：沟通和谈判的管理技巧》（*Influencing With Integrity: Management Skills for Communication and Negotiation*），热尼·Z. 拉博尔德（Genie Z. Laborde），1995.
>
> 通过本书，你可以深入了解秘诀 6 涵盖的内容。这些内容同样适用于销售和谈判。

秘诀 7

演讲规则要以结果为导向

俗话说得好，如果你不知道目的地在哪里，那么你必然无法到达你想去的地方。谈话、演讲或陈述也是如此，你进行规划时需要始终以结果为导向。

为什么这点至关重要

演讲者必须明确演讲的结果，主要有以下几个原因。

- 这样可以让你明确着力点。
- 你可以设想最终结果,这样,在演讲结束后,你可以验证目标是否达成。
- 它会影响你的演讲规划。
- 它让你始终保持正确的方向。
- 它让你调动潜意识,帮助你实现演讲目标。

怎么做

演讲只是实现目标的一种手段。将目光投向演讲之外,去发掘你想通过演讲达到的目的。比如,你演讲的目的是与客户签署合同,那么你给客户做的陈述介绍就需要围绕这一目的。

设定演讲结果时需要着眼于演讲之外

演讲结果对其他部分起着决定性作用,所以必须明确演讲结果。

许多时候,预想结果实现与否并不在你的掌控之中。要理解这一点,我们可以用体育领域中的目标设定为例来分析。

体育领域常见的目标有 3 种。

- 结果目标：赢得奥林匹克运动会 400 米项目的奖牌。
- 表现目标：在特定时间内跑多少米。
- 过程目标：训练计划表。

结果目标不在运动员的控制范围内，因为如果比赛中有 3 个人比你跑得快，那么你就与奖牌无缘了。然而，通过达到适当的表现目标，运动员可以最大限度地增加达成结果目标的机会；而通过实现过程目标又有助于实现表现目标。

在谈话、演讲或陈述中，我们可以设置相同类型的目标。

和体育领域一样，演讲的结果往往不受演讲者控制。无论你的推销如何优秀，客户可能就是不买账，不签合同。

下面的内容简述了如何通过实现相关目标来提升达成演讲结果的可能性，而这些目标的实现又需要演讲者展现适当的内容。

1. 结果目标（作为演讲的结果）

显然你无法操控客户下订单购买你的产品，但若是你能奉上一场令人信服的演讲，那么客户下单的概率会大幅提升。

2. 表现目标（演讲结束时需要达成的目标）

你演讲结束时，客户会了解你的产品，也会清楚你的产品有何价值，这一结果在很大程度上在你控制范围之内，因为只要你解释到位，客户自然会理解。

3. 过程目标（演讲中需要传递的内容）

向客户介绍甲、乙、丙 3 种产品，阐述它们对客户的价值，这显然在你的控制范围之内，因为这是你力所能及的。

因此，虽然理想的结果可能不在你的控制范围之内，但其仍不失为一个好的切入点。

你需要在演讲的准备阶段完成以下步骤：

- 核查演讲结果，验证其能否达成；
- 对演讲最终结果做出调整，保证其最终能够实现；
- 按照所需步骤来规划你的演讲。

这几个步骤是你在准备阶段需要完成的，秘诀 8 会帮你完成。

> **Try 轮到你了**
>
> 在脑海中构想你接下来要做的一个谈话、演讲或陈述，写下你的结果目标、表现目标和过程目标。

秘诀 8

分 6 步准备你的演讲

准备演讲的时候，我们常会不知如何下手，但是，只要按照下面的 6 个步骤，你就可以系统而高效地准备演讲。

为什么这点如此重要

按照秘诀 8 介绍的 6 步准备演讲有以下效果：

- 意味着你的演讲自始至终都以目标为导向;
- 意味着准备阶段的所有工作都围绕演讲结果展开;
- 意味着演讲需要准备的内容变得显而易见;
- 意味着演讲依照逻辑线层层展开;
- 意味着视觉辅助的选择变得简单明了;
- 意味着遗漏内容的概率大大降低。

准备演讲会比你想象中花费更多的时间,所以尽早着手非常有必要。

以下 6 个步骤会让你的演讲准备工作更加简单轻松

怎么做

步骤 1　考虑听众

如果设计演讲的时候不针对特定的听众,那就好像写情书的时候在地址栏写上"谁想看就寄给谁"。

——肯·海默(Ken Haemer),AT&T 前简报研究经理

考虑听众的同时，你需要思考下面这些问题。

- 听众是谁？
- 听众为什么来？
- 听众对演讲有何期待？
- 会有多少听众？
- 听众有多了解你的话题？
- 听众对你的演讲持有怎样的态度？

秘诀 9 能帮助你确定听众可能对演讲存在哪些问题。

步骤 2　明确结果和设置目标

设计演讲就像规划旅行，首先要考虑你的目的地，也就是设置你想要的结果。正如秘诀 7 强调的，设置结果时一定要着眼于演讲之外，比如，演讲的结果可以是：

- 员工会注重安全生产，回到岗位上后，他们会采取安全生产措施；
- 学生将为考试高效地复习，他们可以使用讲座中教授的技巧；
- 公司决定聘用我们，这意味着我们将获得工作邀约。

为了提升你实现演讲结果的概率，你可以在演讲中设定以下 3 种目标：

- 传授知识；
- 提升技能；
- 改变态度和观点，通常是希望人们行动起来。

在设定这 3 种目标时，你可以采用下面这样的措辞。

在我演讲结束时，听众将：

- 理解或知道……
- 完成……
- 愿意行动起来……

你可以从以下方面入手来设定目标。

- 传授知识：员工能解释 10 种安全生产实践的内容（措辞示例：他们获取了……知识，所以他们能够理解……）。
- 提升技能：学生可以使用视觉记忆技巧。
- 改变态度和观点：公司相信我们可以创造价值，于是决定雇用我们。

步骤 3　考虑时间和环境

还有哪些因素会影响你的演讲计划？

时间

- 演讲持续多久？
- 演讲是否包含提问环节？
- 演讲是否有机动时间？

环境

- 演讲场地有多大？
- 听众以何种方式就座？
- 演讲时可用的设备有哪些？

现场环境会影响听众的感觉，比如现场布置可以让听众觉得演讲是正式的或者非正式的。

那么，你可以做些什么来改变现场环境，使之达到理想的效果？

打住！

在继续规划演讲前，考虑一下计划的可行性。

在了解步骤 4 之前，请看图 2-1。图 2-1 中的三角形表示目前为止你学习过的 3 个步骤。你需要确保你能与到场的听众一道，在给定的演讲时长和特定的现场环境中得到你的结果，实现你的目标。

如果你在准备过程中发现有些环节可行性差，那么你就需要做出调整。例如，如果你发现演讲时长不足以取得预计的结果，那么可能是因为你要求过高，你需要调整目标，或者你可以争取更长的演讲时间。

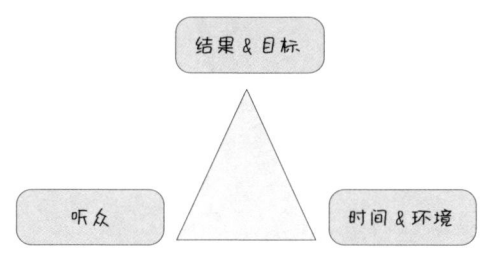

图 2-1　准备演讲的前 3 个步骤

完成了可行性检查后，你可以继续学习步骤 4。

步骤 4　组织内容

按照以下 3 步规划演讲内容：

- 通过头脑风暴，列出可能用到的所有内容；
- 对列出内容进行取舍；
- 按照逻辑对内容进行排序，使之成为一个逻辑严谨的"故事"。

秘诀 10 会告诉你如何设定演讲结构。

步骤 5　视觉辅助

确定了演讲内容，那么接下来你需要考虑视觉辅助的问题了，你需要考虑："我真的需要视觉辅助吗？"因为视觉辅助并非必不可少。

秘诀 22 会帮助你设计视觉辅助手段。

步骤 6　预演练习

预演练习在演讲的准备阶段非常有用，既可以帮助你推进演讲的设计进程，也可以帮助你检验演讲的最终内容。

在演讲的准备阶段进行演练可以让你：

- 检验各个环节的效果；
- 想出更生动的表述和解释问题更好的方法；
- 获取反馈意见；
- 调整并最终敲定演讲的结构；
- 修改你的讲稿或者手卡。

演讲一旦准备完毕，你就可以开始演练了。通过反复演练，你的表现将日臻完美。

秘诀 33 会告诉你如何进行演练。

Try **轮到你了**

　　熟悉上述 6 个步骤并尝试在短时间内设计一次演讲。

More **深度学习资源**

　　《演讲手册：如何规划、修改以及发表演讲》(*The Presentation Book: How to Create it, Shape it and Deliver it!*)，艾玛·莱登 (Emma Ledden)，2017.

该书第四章着眼于实际情景，指导读者准备演讲。

秘诀 9

回答好 4 类问题：为什么、是什么、怎么做、怎么应对

这 4 类问题是基于伯尼斯·麦卡锡（Bernice McCarthy）的 4MAT 体系提出的，基于这一体系设计的演讲可以让更多的听众理解演讲内容。这一体系之所以行之有效，是因为你的听众或多或少会对上述 4 类问题感兴趣，通过覆盖这 4 个方面，你即便不能抓住全部听众的注意力，至少能吸引绝大部分听众。

考虑所有听众思考的 4 类问题

为什么这点至关重要

回答这 4 类问题可以产生以下效果：

- 让演讲内容能够引起大多数甚至所有听众的兴趣；
- 内容的组织顺序易于听众理解；
- 降低演讲中遗漏重要内容的风险；

- 增加演讲获得听众接受或赞同的概率；
- 提升听众按照你的想法采取行动的可能性。

怎么做

你可以从目标听众的角度出发，思考下面的问题，然后结合秘诀 9 的内容，根据问题的答案规划演讲。

1. 为什么

想象你就是听众，然后考虑下列问题。

- 为什么我要听这次演讲？
- 为什么这次演讲的主题非常重要？
- 为什么该演讲者是最适合做这次演讲的人？
- 为什么我现在就要听这次演讲？

你可以提出更多与演讲主题相关的"为什么"类问题。

2. 是什么

考虑下列问题。

- 演讲的核心信息是什么？
- 演讲中的好点子是什么？
- 演讲要介绍的理论或者模式是什么？
- 听众们需要听到的重要信息或者论据是什么？

写下你能想到的这类问题。

3. 怎么做

提出一些有关演讲的实际问题。

- 演讲如何展开?
- 你能否对一些实际情况做出解释?
- 你能否列举一些事例?
- 你能否提供例证来支撑你的理论?
- 你能不能现场演示一下?

4. 怎么应对

"怎么应对"类的问题分为两种,一种是负面的,一种是正面的。

(1)负面的"怎么应对"类问题一般指演讲可能存在的问题,比如:

- 你的提议存在风险;
- 你的论证存在缺陷;
- 有反例能降低你的案例的可信度,甚至能完全推翻你的案例;
- 你提供的建议、指导在某些特殊情况下并不适用。

这些问题可能会转化为类似下面这样的提问。

- 如果预算不足该怎么办?
- 如果项目范围扩大该怎么办?
- 如果客户不按时支付该怎么办?
- 如果我缺少设备该怎么办?

你要根据具体情况思考可能遇到的问题。

> **Tip 小诀窍**
>
> 在准备阶段，找人来给你的演讲"唱反调"，想一想可能出现哪些难以应付的问题。

（2）正面的"怎么应对"类问题指听众已经在思考将来的情况，并在考虑以下内容。

- 演讲中收集的信息会用在何处；
- 演讲中的行动建议将带来哪些益处和收获；
- 未来成功的愿景是什么样的。

这些思考可能会转化为下面这些问题。

- 演讲内容能从哪些方面为我提供帮助？
- 该如何将演讲中的想法为我所用？
- 我该如何将演讲内容付诸实践？
- 我何时能看到结果？

你可以根据演讲主题设想可能会遇到哪些问题，并提出更多与主题有关的问题。这些问题的答案可以帮助你决定在演讲中设计哪些内容。

每次演讲前都仔细考虑这 4 类问题，你的演讲会准备得非常充分。

> **Try 轮到你了**
>
> 熟练使用这 4 类问题构建自己的演讲，按照下列步骤准备。
>
> （1）思考演讲的主题。
> （2）思考听众可能提出的问题。
> （3）按照"为什么""是什么""怎么做""怎么应对"分类写下问题。
> （4）回答各个问题，并将答案整合到演讲中。

> **More | 深度学习资源**
>
> 《4MAT 系统：用右/左模式技术改变从授课到学习的风格》（*The 4MAT System: Teaching to Learning Styles with Right/Left Mode Techniques*），伯尼斯·麦卡锡，1981.
>
> 这本书有助于你深入研究 4MAT 体系，还可以帮助你将该体系应用于教学之中。

秘诀 10

合理组织演讲，保证逻辑通畅

你可能听过一些略显杂乱的演讲。这部分内容将帮你避免类似问题。通过使用下面的逻辑结构，你的演讲会如同讲故事一样娓娓道来。

为什么这点至关重要

演讲逻辑性差会导致以下后果：

- 听众觉得演讲脱节；
- 听众觉得演讲很难懂；
- 演讲中的重要信息可能不够突出；
- 很难吸引和激励听众；
- 听众可能会对演讲者失去信心。

团队成员都喜欢布赖恩，但是他们希望他的演讲能更有逻辑

怎么做

如秘诀 9 所述，你可以按照"为什么""是什么""怎么做""怎么应对"4 部分来组织演讲。你可以按照下面的指导准备演讲，把你对每一类问题的答案整合到你的演讲之中。

1. 简短的"是什么"

告诉听众演讲的主题，一句话足矣。

- "我会解释最新的卫生和安全政策将对我们的工作方式产生怎样的影响。"
- "我会向你们汇报项目进展，重点说明仍待解决的问题。"
- "我会分享我们未来一年的目标，并说明该如何实现这些目标。"

2. "为什么"

回答"为什么"类问题时，你需要关注以下 3 个方面。

- 培养亲和感；
- 激发听众好奇心；
- 增加演讲的吸引力。

你要关注听众初始的认知水平，通过演讲引领他们达到最终目标。

- 告诉他们为什么本次演讲非常重要，给予他们听讲的理由。
- 运用问句，激发听众好奇心。
- 对问题进行解释说明。
- 详细说明问题得不到解决会产生的后果。
- 突出强调解决问题带来的益处。

你可以使用连接词使前后两部分得以平滑过渡，比如："所以，今天我会与大家分享目前我们在这一方面开展的工作……"

3. "是什么"

即主要信息，这是你演讲内容的主体部分，可以涵盖以下内容：

- 好点子；
- 理论；
- 主要概念。

4. "怎么做"

即支撑部分。这类问题是在解释你的主要想法如何在实践中运用，并对你想法的可行性提供论据支持，比如实际例子、案例研究或演示展示等。

演讲结构图如图 2-2 所示，它就像剧情梗概图，这种演讲结构可以让你：

- 把演讲的全部内容划分成信息块；
- 将信息块按照易于理解的顺序进行组合。

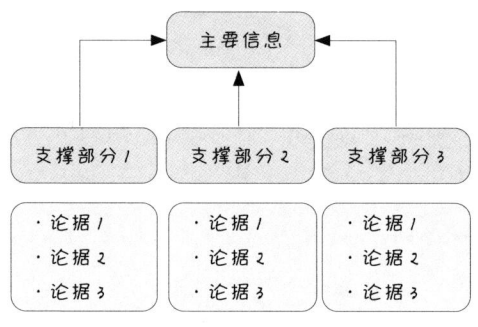

图 2-2　演讲结构图

> **小诀窍**
> 善用"3"的力量。在一定时间内，人们能够记住 3 个主要观点。

数字"3"的影响：

- "提高生产效率的方式有 3 种。"
- "我们必须采取行动，原因有 3 个……"
- "公司常犯的错误有 3 个，它们是……"

引入具体内容后，你可以更直观地看到演讲结构的作用。

5."怎么应对"

（1）负面的"怎么应对"类问题

你需要考虑听众可能关心的问题，并提前想出答案。

- "如果发生了……怎么办?"
- "如果……不起作用怎么办?"
- "如果遇到某些意外情况怎么办?"

(2) 来自听众的提问

你可以设置问答环节,让听众提问或者发表自己的看法。

(3) 正面的"怎么应对"类问题

演讲结尾要积极有力,结尾可以围绕以下方面介绍。

- 总结关键信息

  重复关键信息,加深听众记忆。

- 发出行动号召

  如果你希望听众有所行动,那么在演讲结尾发出号召。

- 勾勒全新未来

  向听众解释,如果按照你的建议行动,未来会是怎样的。

描绘一幅与现在不一样的画卷。

在秘诀 60 中,我们会讨论如何让结尾更有力,避免演讲虎头蛇尾,这会让你更好地理解上述三个方面。

Try | **轮到你了**

(1) 以你即将进行的演讲为例。

(2) 使用秘诀 10 中介绍的逻辑结构设计你的演讲。

(3) 将演讲的主要观点写在便利贴上,这样可以测试它们的效果,进而调整它们的顺序。

> **More | 深度学习资源**
>
> 《沟通：用故事产生共鸣》(*Resonate: Present Visual Stories that Transform Audiences*)，南希·杜瓦蒂（Nancy Duarte），2010.
>
> 该书为读者设计演讲结构提供指导。

秘诀 11

变换节奏，唤起听众的好奇心

一段旋律即便开头悦耳动听，但是如果通篇一成不变，那么听众很快会失去兴趣，演讲亦是如此。如果你的演讲在内容、表达方式和节奏上有诸多变化，那么你的听众会自始至终聚精会神听你的演讲。

为什么这点至关重要

- 一成不变的演讲会让听众感到索然无味。
- 当人们感到无聊时，他们会处于"神游"状态，不再专心致志地听演讲。
- 通过变换节奏，你可以唤起听众的好奇心和兴奋感等积极情绪。
- 变换节奏可以让听众更容易记住关键信息。
- 变换节奏可以增强演讲的感染力。
- 变换节奏可以使听众依照你的演讲采取行动的概率增加。

第二章 设定演讲规则

怎么做

根据图 2-3 的结构来改变演讲节奏。

变换节奏可以让听众更喜欢你的演讲

开始	主体	结尾
· 从听众的初始感受开始 · 唤起听众的好奇心 · 吸引听众的注意力 · 有节奏感，循序渐进	· 做对比 讲故事 打比方 · 有逻辑 有感情 · 调动视觉、听觉、触觉 · 使用易于识记的文字和图片 · 幽默高潮迭起能量集聚 · 挑战性思维 · 强调改变的迫切性 · 如果不做改变可能导致何种结果 · 从容应对变化	· 归纳总结 · 行动号召 · 描绘前景

图 2-3　改变演讲结构

45

演讲中有3个方面需要改变，它们分别是内容、表现形式、节奏。

（1）内容的变化

- 确保话题能不断推进，不要在一个点上停留过长时间。
- 指明核心观点，除非确实有必要，否则不要强调细枝末节。
- 过渡部分衔接紧密，演讲前后部分流畅自然。

（2）表现形式的变化

通过改变演讲的表现形式，演讲可以包含多种感官体验，这样可以吸引更多不同偏好的听众，让他们更长时间地集中注意力。

你的演讲可以有以下几类表现形式：

- 看：让听众看照片、曲线图、流程图、示意图、视频；
- 听：让听众听故事、案例研究、笑话、例子、事实、音乐；
- 说：让坐在一起的听众一起讨论演讲的某一部分；
- 做：让听众解决某些问题、写一些东西，或者与其他听众合作做一些活动。

> **Tip 小诀窍**
>
> 切忌只根据自己的偏好来安排演讲，始终保持多样化的表现形式。

（3）节奏的变化

当你改变演讲的内容和方法时，你会发现演讲的节奏也会自然而然地随之变化。当然，你也可以主动改变节奏。

- 减缓节奏，制造戏剧性。
- 加快节奏，提高兴奋度。

- 短暂停顿，给予听众思考的时间。
- 节奏轻快时，演讲生动、趣味性强。
- 节奏严肃时，强调重要观点。

> **轮到你了**
>
> 你可以通过以下步骤改变下一场演讲的节奏。
>
> (1) 通读演讲稿，把它想象成一曲乐章。
> (2) 确定演讲中哪些内容、表现形式与节奏已经有了丰富的变化，能够吸引听众。
> (3) 标记内容、表现形式与节奏缺少变化的部分。
> (4) 用秘诀 11 介绍的指导方法思考如何改进演讲。
> (5) 在所有改进办法中，选取效果最佳的作为最终方案，将其整合到你的演讲计划中。

秘诀 12

将听众的初始感受作为演讲的出发点

有时演讲者会热衷于表述自己的观点，而对听众的情况充耳不闻，其实这是不对的。在向听众介绍你的想法之前，你需要充分考虑听众的想法和感受，这样，你才会在演讲中表现你对他们的理解，而他们也会因此更乐于接受你的观点。

为什么这点至关重要

演讲者常会以热情洋溢的表述作为开场,例如:

- "我非常高兴能向你们讲述关于……"
- "我有一个很棒的想法,它会改变我们做……的方式"
- "我很荣幸能向你们介绍一种全新的方式去……"

如果你讲述的内容与听众的感受有出入,你们之间的距离就会扩大。演讲者可能表现得欣喜若狂,听众却很难为之动容。

德里克不知道他的下属为什么不像他那样兴奋,
但无论如何,他都会继续努力

怎么做

1. 将听众的初始感受作为演讲的出发点

要从听众的角度考虑问题,而不是直奔主题。演讲的开场白要贴近听众的亲身经历、关切的问题,或者需求。

> **小诀窍**
>
> 精准定位听众,培养亲和感。

一旦能精准定位听众,你就可以更好地引导他们进入主题。这种更有感召力的方法通常被称为"呼应与导引"。

(1)呼应

当我们演讲的内容与听众的想法或感受相符时,我们便与听众的"世界模型"(model of the world)产生了"呼应",例如演讲者了解听众当前的情况。演讲者可以通过演讲内容产生"呼应"效果,也可以通过语调或肢体语言达到这一效果。例如,面对关切、忧虑的听众时,我们的语气、语调应该正式、严肃。

约瑟夫·奥康纳(Joseph O'Connor)和约翰·西摩(John Seymour)是《NLP导论》(Introducing NLP)一书的作者,他们将"呼应"比作搭建桥梁,认为"你首先需要建造桥梁,然后才能引领人们通过"。

(2)导引

导引意味着将听众带向你希望他们前往的地方。如果前期你与听众产生了足够的"呼应"效果,那么你就更容易与他们建立亲和感,他们也更乐意接受你讲的内容。

2. 准备"呼应与导引"

(1)考虑谁会来听演讲

- 听众以什么身份来听演讲?
- 听众来听演讲是自愿的还是被迫的?
- 听众是该领域的专家吗?
- 听众之前接触过本次演讲的话题吗?

（2）考虑"听众对我的演讲会有何感受"

- "但愿花时间听这个演讲是值得的。"
- "我们在这个项目上遇到了很多问题。"
- "我希望得到一些有用的指导。"

（3）开场白与听众的想法和感觉相匹配

让听众"频频称'是'"（yes-sets）。"频频称'是'"是指如果演讲内容贴近听众的真实情况，听众会在心底里以"是"作为回应。以此为目的，你就会从听众的角度而非你自己的观点开始演讲。

- "我知道大家非常忙碌，感谢你们抽时间来听这次演讲。"
- "你们可能已经注意到了，新系统存在一些问题。"
- "由于这个原因，你们中的一些人遇到了难以克服的困难。"

注意，你要避免开场白只照顾到部分听众，那样会疏远其他听众，要使用能够影响所有人的开场白，例如："你们中有些人非常熟悉这部分内容，但有些人对这部分内容非常陌生。"这是一个很好的"呼应"式陈述，因为它照顾到了在场的所有听众。

（4）使用连接词"导引"听众进入你的演讲

使用连接词将"呼应"部分与"导引"部分连接起来，这能让听众明白你的开场白与你要展开的演讲主题彼此联系，也会使开场时令听众"频频称'是'"的内容平滑过渡到你之后的内容上。

你可以使用下面这样的连接表述：

- "因此，我将与大家分享我们在这方面的做法"
- "为了解决这些问题，我想简述……"
- "正是因为这些问题，我们需要……"

3. 确保"呼应"部分充分

最大的错误：试图迅速进入"导引"听众的部分。

——汤姆·伯德（Tom Bird）

《领导者演讲指南》的作者汤姆·伯德和杰里米·卡斯尔（Jeremy Cassell）举了一个例子，演讲者要"向一群心怀不满的员工介绍另一个变革计划"。在这种情况下，他们建议延长"呼应"的时间。如果"呼应"部分进行得太快，听众可能会觉得你对他们的关切只是"嘴上说说，实际并不走心"。

> **小诀窍**
>
> 观察听众的反应，如果他们的注意力集中在演讲上，那么你会看到他们频频点头且表情专注，这表明你正在与听众建立亲和感。

> **轮到你了**
>
> （1）思考你下一次演讲可能会谈论的话题。
> （2）按照这一秘诀介绍的内容写出与听众相匹配的开场白。
> （3）练习将你写的开场白应用在演讲中。

> **深度学习资源**
>
> 《领导者演讲指南：如何使用软技能来获得硬结果》（*The Leader's Guide to Presenting: How to Use Soft Skills to Get Hard Results*），汤姆·伯德、杰里米·卡斯尔，2017.
>
> 这本书的主要内容是通过演讲来激励员工和建立关系。第六章详细介绍了"呼应"和"导引"。

秘诀 13

向听众展示"现在"和"未来"

要想促使听众行动起来，就必须让他们理解演讲最终能为他们带来的益处。当你向听众展示"现在"与"未来"之间的不同之处时，演讲对听众的吸引力会增加，这是因为你唤醒了听众心底对改善现状的渴望。

为什么这点至关重要

一部分人在躲避不喜欢的事情时会被激励，比如远离问题，避免麻烦。为了避免无所作为产生不良后果，这些人会采取行动，例如他们会加班加点，防止错过截止日期。

而另一部分人的行动力来源于向某事前进，比如向一个目标进发。这部分人的初衷是通过行动，取得收获。

罗杰·贝利（Rodger Bailey）的研究发现，在工作环境中，大约40%的人属于"趋利型"，40%的人属于"避害型"。

在演讲开始时，如果你能强调目前情况非常糟糕，而未来的情况则一片光明，这样既可以调动"趋利型"听众，也能调动"避害型"听众。不仅如此，对于剩余20%的听众来说，他们属于"趋利""避害"兼而有之的类型，你的做法也可以充分调动他们。

通过对比"现在"和"未来",戴夫让全队欢欣鼓舞

怎么做

1. 从"现在"开始

先说一说目前的状况或情势,听众们可能已经遇到了难题,他们会意识到你非常了解他们目前的情况,这样你就能与他们建立亲和感。具体做法可以参照秘诀12。

2. 描绘"未来"

向听众解释,如果能改变目前的情况,向"未来"的理想状态前进,可以得到诸多好处。

南希·杜瓦蒂在其所著的《沟通:用故事产生共鸣》一书中将这种描绘"未来"的行为比作邀请听众与你一道冒险,为了号召听众与你一起冒险,你就需要展现令人难忘的宏大想法,为他们勾勒未来的美好景象。毫无疑问,你要抓住这个绝佳契机,这是听众第一次了解"现在"与"未来"之间的鲜明对比。

> **小诀窍**
>
> 在演讲开始时强调"现在"与"未来"情况的对比。

通过强调"现在"与"未来"的巨大差距,你可以调动听众。

在 TEDxHull 做演讲时,我向现场的听众提问:"现场有多少人会画画。"只有极少数听众回答"我会",这让听众了解了现状;随后我向他们展示了我绘制的卡通图片,询问他们是否愿意达到这个水平,这样又让听众明白了"现在"和"未来"之间的差距。

下面我再来举一些有关差距的例子。

- 现在的水准与未来可以达到的水准对比。
- 现在做某事非常麻烦和未来完成这件事很轻松对比。
- 现存的问题与未来的解决方法对比。
- 目前的付出与未来的收获对比。
- 眼下不熟练的技能与未来精湛的技艺对比。
- "如果我们不行动"与"如果我们行动起来"对比。

3. 演讲要帮助听众弥合差距

演讲好似一段旅程,演讲者引导听众从"现在"走向"未来"。运用本书介绍的各个秘诀,规划好这段旅程。

谢尔·罗斯·沙尔韦(Shelle Rose Charvet)在其著作《语言改变思想》(*Words That Change Minds*)中建议:想要影响"趋利型"听众,可以使用"达到""获得""拥有""得到""包括""实现"等词汇;对于那些"避害型"听众,她推荐使用"避免""预防""消除""解决""摆脱"等词汇。

演讲时使用这些词，可以吸引听众。

演讲结束时，演讲者预期的演讲结果可能无法实现，因为即便是最后的"行动号召"可能仅仅是实现演讲结果旅程中的第一步。

> **Try 轮到你了**
>
> 当你准备下一次的演讲时，可以采取以下步骤：
>
> （1）按照秘诀13的指导，撰写开场白，强调"现在"与"未来"的差距；
>
> （2）练习开场部分，自行判断效果；
>
> （3）根据需要做出调整。

> **More 深度学习资源**
>
> 《沟通：用故事产生共鸣》，南希·杜瓦蒂，2010.
>
> 本书为比较"现在"和"未来"提供了很多在实践中效果极好的方法。

秘诀 14

如何激励听众采取行动

如果希望听众采取行动，那么他们必须有与之相关的意愿或者需求。如果听众抱有的情感与你希望他们具有的情感有差距，那么你就需要帮助他们弥合这道鸿沟。以他们现有的情感为起点，带领他们逐渐走向你希望他们到达的目的地。

为什么这点至关重要

很少有人能迅速改变自己对某事的情感。因此，通常情况下，你需要循序渐进地让听众将自己目前的情感转变为你希望他们具有的情感。

通过确定听众初始的情感，你可以实现以下目标：

- 确定他们现在的感受与你希望他们获得的最终感受之间的差距；
- 检验演讲的实际效果，评估演讲的预期结果能否达成，如果无法达成，考虑采取何种应对措施；
- 将听众的初始感受作为演讲的出发点；
- 在计划演讲内容时，演讲内容要能够激发听众的情绪，使听众全身心投入；
- 调动听众采取你期望的行动。

玛丽的团队成员们此前对新系统闻所未闻，

刚一接触，他们就充满了反感

怎么做

在准备演讲内容的时候,你需要考虑什么样的内容能让听众的情感从初始状态转化为你希望的状态,然后帮助听众实现转化。

帮助听众将情感转化为你希望的状态

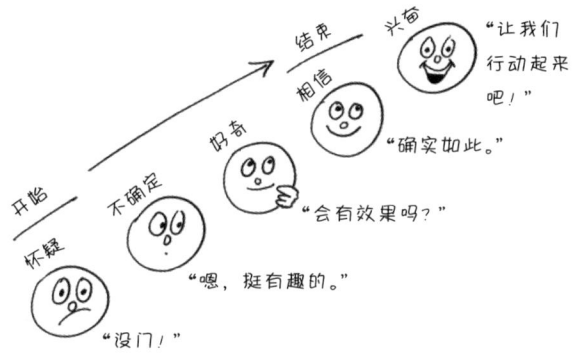

回答下列问题并记录答案,之后利用这些答案准备演讲。

1. 你希望演讲对听众产生怎样的影响?

比如,你可能希望听众在听完演讲之后能应用某些知识、将某项技能付诸实践、支持某项事业、遵从某个程序、对所述主题产生更浓厚的兴趣、在紧急行动或使用新系统时支持你。

2. 唤起听众怎样的情绪才能激励他们采取行动?

你需要唤起的可能是一种情绪,也可能是多种情绪,比如震惊、担心、忧虑、好奇、困惑、兴奋、鼓舞、自信或积极上进。

3. 听众需要抱有怎样的想法才能唤起自己上述情绪呢？

- "如果我们不尽快采取行动，事情会很麻烦。"
- "这个问题很严重。"
- "这个主意非常棒。"
- "我们正在进步。"
- "我们有经验，再做一次没有问题。"
- "小行动会带来大不同。"

4. 评估差距——差距到底有多大？

目前听众对问题的认知水平和你希望他们达到的认知水平之间有多大差距？差距可能是这样的：

- 差距大——大部分听众都不认同你的观点，完成演讲将会是一项艰巨的任务；
- 差距一般——如果例证有力，你可以说服听众；
- 差距小——达成演讲目标就像推开一扇虚掩的门，你稍微用力，听众就会鱼贯而入。

> **Tip 小诀窍**
>
> 如果你与听众之间的差距太大无法弥合，那么需要考虑演讲目标是否可行。

5. 听众需要看到和听到什么内容才能弥合情感差距？

什么样的内容能让人们转换思维方式？你可以从下面这些角度思考。

- 如果听众对你的观点持怀疑态度，那么什么样的内容会让他们转而开始怀疑自己的观点？或许是一个常人不知道的事实或令人震惊的统计数据。
- 怎样才能调动听众的好奇心？比如妙趣横生的见解。
- 如何说服听众？可能是用能够唤起他们内心情感的故事。
- 一旦他们赞同你的观点，你又该说什么让他们真正行动起来呢？你可以强调，他们的支持可以改变现状。

你可以借鉴这些答案规划演讲内容，弥合你与听众之间的情感差距。

6. 演讲内容应该怎么安排才能取得最好的效果？

按照逻辑顺序排列内容，让听众的情感发生转变。参照秘诀10，了解如何安排演讲结构。

> **Try | 轮到你了**
>
> 下一次准备演讲的时候，先写下下列问题的答案。
>
> （1）你希望听众在演讲结束后做些什么？
>
> （2）他们需要产生怎样的情感才会行动起来？
>
> （3）听众需要赞同什么观点？
>
> （4）他们目前的情感状态如何？持有何种观点？
>
> （5）什么样的内容会让听众的情感向着你希望的方向转变？
>
> （6）演讲内容应该怎么安排才能取得最好的效果？

> **More | 深度学习资源**
>
> 《领导者演讲指南》，汤姆·伯德、杰里米·卡塞尔，2017.
>
> 本书对设计能吸引和激励听众的演讲结构给予了指导。

秘诀 15

运用亚里士多德的"说服三要素"

演讲的说服力来源于三个要素，第一是信誉证明（Ethos），指演讲者要具有善良可靠的品性；第二是逻辑证明（Logos），指演讲要逻辑清晰、事例真实；第三是情感证明（Pathos），指听众具有情感诉求。这三个要素同样重要，因为仅凭其一是无法说服听众的，而将三者一同使用则可以大大增加听众被说服的机会。

为什么这点至关重要

演讲包含上述三要素非常重要，主要因为以下几点。

- 信誉证明向听众展现了你的专业程度，表明你值得信任且学识渊博。这能使你赢得听众的尊重、信赖与信心。
- 逻辑证明是指通过合理的论证、可靠的论据来支撑你给出的信息或观点，从理性角度说服听众。
- 情感证明可以帮助你从情感角度说服听众。例如，你可以讲述相关故事来调动听众的情绪，使其产生感触，支持你的观点。

说服三要素可以提升演讲的感染力，吸引不同类型的听众。三要素需要综合使用，缺一不可，缺失任何一个要素，演讲的说服力都会下降。

罗杰的逻辑似乎完美无缺，

但不知怎的，他仍然没能说服听众

怎么做

运用亚里士多德的说服三要素。

1. 信誉证明：确立你的可信度、权威，展示你的品性、魅力。

（1）树立权威

如果要在演讲前做自我介绍或者由他人介绍你，你可以用第三人称写几句话，简单介绍自己的相关经历、头衔以及资质。

> **Tip 小诀窍**
>
> 尽量让别人介绍你，而非自我介绍，这样可以提升你在听众心中的可信度。

（2）例证可靠

参考的研究结果必须是来源于权威学者或组织的客观信息。介绍案例时必须公正客观，不偏不倚。

（3）共同之处

演讲语域要贴近听众的专业知识水平，你可以通过共同经历拉近距离，人们喜欢与自己经历相似的人。罗伯特·西奥迪尼等人的研究表明，人们喜欢你时，更容易被你说服。

2. 逻辑证明：用逻辑和道理说服别人。

演讲需要逻辑清晰，重点突出，切忌漫无目的、含糊不清。

（1）事实例证

论据必须是不容争辩的事实或者数据，可以用曲线图、表格和示意图的形式呈现。

（2）逻辑论证

确保你的论据逻辑严谨、叙述完整。对于提出的任何建议，你都要解释说明。

（3）结构清晰

演讲的结构要易于听众理解，起承转合清晰明确，就像旅途中的路标一样，告诉听众下一步怎么走，便于他们跟随。

3. 情感证明：调动听众情绪。 可以使用以下方法调动听众情绪，提升演讲说服力。

（1）讲故事、做类比、打比方

故事可以激发想象，更能激发各种情绪。类比和比喻可以让演讲内容更好理解，比如"这种经历如同坐过山车一样"。

（2）语言生动

生动的语言可以让观点更加鲜活。用自己的语言描述画面可以使听众沉浸在演讲中，所以，演讲者要为听众提供视觉和听觉的体验，让他们切实感受演讲的主题。

（3）使用图片，增强感染力

一张图片就可以激发听众的情绪反应。想一想，儿童或者动物的照片能唤起人们何种反应。

> **Try 轮到你了**
>
> （1）针对自己的情况，写几句话作为自我介绍。如果有人要对你进行介绍，将这几句话交给对方，它们也可以作为演讲中自我介绍的文稿。
>
> （2）从你此前的演讲中找一例事实或一组数据，用真实的故事或轶事做支撑。
>
> （3）在你下一次演讲前，检查演讲是否运用了亚里士多德的说服三要素。

> **More 深度学习资源**
>
> 《修辞学的艺术》（The Art of Rhetoric），亚里士多德.
>
> 本书可以帮助你深入学习亚里士多德的说服三要素。

秘诀 16

起好演讲标题事半功倍

当你忙着准备演讲时，花在演讲标题上的时间可能是最少的，然而，好的标题能带来诸多好处。

为什么这点至关重要

一个好的标题可以帮助你：

- 唤起人们的好奇心；
- 吸引人们来听演讲；
- 在开始演讲之前就对听众产生影响；
- 勾勒出你演讲的框架，让人们可以理解演讲内容；
- 说明听演讲会有哪些收获。

虽然标题所言不虚，
但是杰夫已经后悔让帕姆给他的每周汇报想新标题了

怎么做

比较下面两个演讲标题：

《健康与安全领域的新情况》

《〈新安全法〉将如何改变你的工作方式》

两个标题会使听众产生不同的反应，这显而易见。第二个标题告诉听众前往演讲现场听讲会有什么收获。

下面，我来介绍标题的结构和要素。

1. 标题和副标题

标题配合副标题的形式非常实用，让你有很大的发挥空间。

以下例子来自伦敦商业论坛中的演讲：

- 《"是"：来自说服科学的秘诀》（*Yes: Secrets from the science of persuasion*）——史蒂夫·马丁（Steve Martin）
- 《庄重：如何演讲能让他人聆听》（*Gravitas: How to speak so others listen*）——卡罗琳·戈伊德（Caroline Goyder）
- 《让你的大脑转起来：提高效率的几个妙招》（*Make your brain work: Top tips to boost performance*）——埃米·布兰（Amy Brann）

通过分析这些标题，你可以学着写出引人注目的主标题，而副标题可以进一步说明听演讲的具体收获。

2. 使用"如何"类标题

研究以下 TED 演讲的标题，我们不难发现"如何"类标题能对演讲产生良好效果：

- 《你的大脑如何区分美丑》（*How your brain decides what is beautiful*）——安让·查特吉（Anjan Chatterjee）（TEDMED 2016）
- 《如何设计一个能调动起孩子读书欲的图书馆》（*How to design a library that makes kids want to read*）——迈克尔·贝鲁特（Michael Bierut）（TEDNYC 2017）

3. 使用"问题"类标题

"问题"类标题具有极强的感染力,比如下面这些 TED 演讲标题:

- 《如果我们结束保释的不公正性会怎么样》(*What if we ended the injustice of bail*)——罗宾·斯坦伯格(Robin Steinberg)(TED2018)
- 《变成机器人会是什么样》(*What's it like to be a robot*)——高山莱拉(Leila Takayama)(TEDxPaloAlto 2017)
- 《当你聚精会神时你的大脑是如何运作的》(*What happens in your brain when you pay attention*)——迈赫迪·奥迪哈尼-西耶德(Mehdi Ordikhani-Seyedlar)(TED2017)

4. 使用"为什么"类标题

"为什么"类标题可以激起我们的好奇心,比如以下这些:

- 《为什么未来的工作并不像一份工作》(*Why jobs of the future won't feel like work*)——大卫·李(David Lee)(TED@UPS 2017)
- 《为什么玻璃帷幕高楼对城市生活有害——我们需要怎样的建筑》(*Why glass towers are bad for city life — and what we need instead*)——贾斯廷·戴维森(Justin Davidson)(TEDNYC 2017)
- 《为什么人们要在你的公司上班?如何吸引顶尖人才》(*Why should anyone work here? How to attract top talent*)——加雷思·琼斯(Gareth Jones)(伦敦商业论坛)

如何写出好标题?你可以采取以下三种方法。

(1)草拟多个标题

这会使你确定一个出色标题的概率大大提升。

> **Tip 小诀窍**
>
> 　　不需要修改或者删掉你列出的草拟标题，只需要不断地写，直到有很多选项可供选择。

（2）检查并修改草拟标题

大多数时候，要写出一个好标题，你必须反复推敲，主要是注意以下方面。

- 保留强势字词；
- 去掉或替换弱势或多余的字词；
- 反复推敲字、词、表述，确定最好的表达；
- 列出自己认为较好的候选标题。

（3）让他人评判候选标题

关注评判人的本能反应，你可以获得极具价值的反馈信息。根据他人的评价修改，最终得到演讲标题。

注意，标题不是越短越好。人们总是本能地觉得简洁的标题是最好的选择，但是，我发现许多演讲标题平均有13个字，其效果却非常理想，这是因为较长的标题可以解释演讲将带来什么。

> **Try 轮到你了**
>
> 　　为你的下一次演讲起个好标题：
>
> 　　（1）思考你的下一次演讲会是何种主题；
>
> 　　（2）不管标题质量如何，先草拟至少10个标题；
>
> 　　（3）修改草拟标题，选出候选标题；
>
> 　　（4）找人评判候选标题；
>
> 　　（5）选出最终标题。

秘诀 17

发挥潜意识的力量，激活创造力

在准备演讲的时候，为了想出最好的点子或者解决复杂的问题，充分利用潜意识绝对是明智之举。因为与意识思维相比，潜意识实际上拥有着巨大的处理能力。

宾夕法尼亚大学的斯科特·巴里·考夫曼（Scott Barry Kaufman）主要从事人类创造力研究，他介绍了一套激发创造力的流程，一共四步，这套流程可以充分调动演讲者的潜意识，服务演讲者的演讲准备工作，甚至在演讲者没有刻意考虑演讲的时候，也能发挥作用。

为什么这点至关重要

潜意识比意识思维更具创造力。

有意识的"兔脑思维"（hare brain）有其局限性

在《兔脑龟心》（*Hare Brain, Tortoise Mind*）一书中，盖伊·克拉克斯顿（Guy Claxton）写道："刻意的思考在解决易于概念化的问题时效果很好。"

因此，对于需要逻辑思维的问题，意识思维效果良好，但在解决复杂的问题时，意识思维有其局限性。这是因为短时间内，我们在意识思维中保存的信息是少量而有限的。乔治·米勒（George Miller）研究发现，我们的工作记忆（working memory）能同时处理的信息只有七项。

放松状态下的"乌龟思维"（tortoise mind）更能催生创造性的想法与见解

克拉克斯顿认为这种思维方式"目的性没那么强，也没那么清晰明确，更倾向于游戏、休闲或是幻想"。

坐在大海边，放眼海面时，我们的思维处于一种神游放空的状态，这种节奏较慢的心理状态其实可以处理大量的信息。缅因大学的科林·马丁代尔（Colin Martindale）研究表明，创造力受这种注意力较分散的心理状态的影响极大。

当最棒的点子在吉姆脑海中闪现时，他其实并没有考虑演讲的事情

怎么做

针对开发潜意识的问题，考夫曼（Kaufman）认为要分4个阶段进行，即准备阶段、酝酿阶段、豁朗阶段和验证阶段。

下面4个步骤可以指挥演讲者在准备演讲的过程中开发潜意识。

1. 准备阶段——利用意识思维准备演讲，让潜意识做好准备

潜意识需要知道它能在哪些领域发挥作用。为了让潜意识做好准备，你需要写下：

- 演讲需要达到的效果；
- 自己初始的想法；
- 你需要在哪些方面有创新性想法。

2. 酝酿阶段——照常做自己的事情，发散你的思想

准备演讲时，要想让潜意识发挥作用，你可以试着这样做：

- 暂时放下你的演讲；
- 散散步或者做做其他活动；
- 沉思时可以考虑一下演讲。

要想发挥潜意识的作用，你就必须为之留一段时间。

酝酿阶段能够起作用的一个关键原因是我们大脑有网状活化系统（Reticular Activating System），这是一种神经束，可以过滤掉不需要的信息，让我们专注于有用的信息。

3. 豁朗阶段——在你灵光一现时，把想法迅速写下来

在这个阶段，你很可能收获好主意、好点子。你永远不知道什么时候它们会在你的脑海中闪现，但只要他们出现了，马上记下来。

好的想法在脑海中闪现时，一定要记下来。

> **小诀窍**
>
> 可以把你演讲中的所有想法写在画板上，挂在墙上，那么当你有新的想法时，就可以马上添加进去。

4. 验证阶段——用意识思维思考演讲，验证潜意识里的想法

继续准备演讲，同时按照以下方法进行优化。

- 回顾灵光一现的想法；
- 用批判的眼光检验这些想法，判断它们可否用于演讲；
- 把可用的想法纳入演讲；
- 再次验证并确定接下来需要解决的问题。

根据需要重复上述 4 个步骤来准备演讲。

养成习惯，让潜意识帮助你完成演讲的准备工作，有了潜意识的协助，你演讲成功的概率会大大提升。

轮到你了

（1）写下在什么样的时间和地点最适合你认真准备演讲；

（2）当你准备下一次演讲的时候，留一段时间让你可以暂时忘记演讲；

（3）记录潜意识的想法。

深度学习资源

《兔脑龟心》，盖伊·克拉克斯顿，1999.

该书可以让你更深入地了解各种思维模式，特别是本能思维。

秘诀 18

规划演讲的时候,请关掉电脑

我们倾向于使用PowerPoint之类的幻灯片软件来规划演讲,但其实,使用这些软件的时候,我们并不是在规划演讲,而是在亦步亦趋地跟随软件中的程序工作。使用此类软件意味着以线性方式工作,将你的观点挨个放到每张幻灯片上。

当你认真准备演讲时,这样的工作方式很容易让你迷失其中。设计一次出色的演讲需要集中注意力、激发创造力,而使用幻灯片软件反而会影响我们在这两方面的表现。秘诀8中提到,演讲者要在规划好演讲后,再制作幻灯片。

为什么这点至关重要

《演说之禅》(*Presentation Zen*)的作者加尔·雷纳德(Garr Reynolds)建议演讲者在设计演讲的时候"为自己营造一份心灵的宁静",他强调,"当你在电脑前忙碌时,很难享受这份宁静"。

好的规划方法可以取得以下效果:

- 让你迅速总览演讲全貌;
- 帮助你看到各部分之间的联系;
- 使你关注更深层次;
- 帮助你理清思路,激活创新思维;
- 改变你在规划阶段时的想法;
- 帮助你为演讲勾勒一幅"剧情梗概图"。

怎么做

规划演讲的时候,建议使用普通的铅笔、钢笔、纸,再加上便利贴,便于你随时调整它们的顺序。当然,在思考观点的时候,你可以把观点写在白板或者活动挂图板上。

关掉你的电脑,打开你的大脑。

你可以将规划演讲的过程分成 3 步。

第 1 步　将演讲内容和你的想法写在便利贴上

当你用头脑风暴法设想演讲可能涉及的内容时,永远要把演讲的预期结果写出来,放在目光可及的地方。你需要针对演讲结果采用发散思维,比如拓宽思维广度,认真考虑脑海中闪过的任何想法。

多写一些关于演讲的想法,这样,你找到最出彩的想法的可能性会增加

写你的想法时,注意以下内容。

- 每张便利贴只写一个想法。
- 对每个观点保持开放的态度,不要在这个阶段修改你的想法。
- 设定时间限制,这样可以使你保持动力。

第 2 步 确定演讲结构,用主要信息和支撑信息制作一幅"剧情梗概图"

在这个阶段,你的思维范围开始缩小,你的思维与之前相比将更加集中。你需要注意以下几点。

- 将所有想法分组。
- 舍弃不适宜的想法。
- 确定演讲结构,用主要信息和支撑信息制作一幅"剧情梗概图"。

使用便利贴可以方便地更换信息的位置

回顾秘诀 10,了解如何设定演讲结构以及确定各种信息的顺序。

第 3 步 考虑将哪些内容放到幻灯片上以及它们如何排序

> **Tip 小诀窍**
> 试考虑:"如果没有幻灯片,我的演讲效果会更好吗?"

如果决定使用幻灯片,那么谨记,不要把你要说的所有文字都放在幻灯片上。使用幻灯片的唯一目的是帮助你更好地阐明观点。

将所有内容落实在纸上,可以更容易地安排和检查演讲内容

你需要注意以下几点。

- 思考你的重要信息和支撑信息是什么。
- 考虑:在传达观点时,为了达到更好的效果,你应该让听众看到哪些视觉辅助内容,比如数据、图片或者图表。
- 把你需要使用的视觉辅助内容在便利贴上列出来。
- 粗略列出即可。
- 如果需要,可以写下关键词。
- 每张便利贴只列一个内容。

现在，打开你的电脑，准备幻灯片和其他辅助资料，比如讲义。

> **Try 轮到你了**
>
> 想一想你接下来要做的演讲或你可能会谈论的某个话题。
>
> （1）使用前面介绍的三步来规划演讲。
>
> （2）让同事对你的规划提出反馈意见。
>
> （3）根据意见对规划做出修改。

> **More 深度学习资源**
>
> 《演说之禅——职场必知的幻灯片秘技》，加尔·雷纳德，2011.
>
> 本书介绍了不使用电脑规划演讲的诀窍。

秘诀 19

如何构建一次"即兴演讲"

你有没有在完全没有准备或者只是草草准备的情况下上台演讲的经历？可能你曾突然要向团队报告某个项目的进展情况，或是临时被叫去进行紧急汇报。

在这种情况下，你需要迅速整理思路。重压之下，我们的演讲经常会出现信息缺失或混乱的情况。

即兴演讲的秘诀是在脑海中储存一个固定的演讲结构，使用这个结构，你可以按照听众易于理解的顺序传递任何信息。

为什么这点至关重要

- 如果你的演讲杂乱无章,那么你在听众心中的形象会大打折扣。
- 掌握即兴演讲的秘诀,你在演讲时能够迅速组织思路,让自己更加自信。
- 一旦有了固定的方法,你便可以无往不利。

怎么做

即兴发挥也要用固定的结构来组织所有想法。

记得思考 4 类问题,即"为什么""是什么""怎么做""怎么应对"。在秘诀 9 介绍的 4MAT 体系中,我们研究过这些问题。

> 奈杰尔即兴演讲的能力总是令同事们印象深刻,
> 然而同事们并不知道,奈杰尔脑子里有一个"神奇"的演讲结构

如果你对演讲结构胸有成竹，那么即兴演讲就变得简单许多。让我们来看一个例子。

想象一下，你正在参加小组会议，毫无征兆地，有人要求你报告项目的最新进展，小组中所有人都期待着你的汇报。

不必惊慌，也不必想起什么就说什么，你只需要思考四类问题，即"为什么""是什么""怎么做""怎么应对"。

你需要做的仅仅是将自己的演讲内容与这四类问题挂钩，这样，你的演讲会结构严谨、逻辑清晰且易于理解。

下面是要点示例，在实践时，你可以根据实际情况删除或添加要点。

1. 用"一句话"总结你要说什么

有时也叫"简单的介绍"，因为你要用一句话告诉听众演讲的主题。

2. 为什么

- 你为什么选择了这个主题？
- 这个主题能解决什么问题？
- 为什么这个主题对听众很重要？

3. 是什么

- 此次演讲的创意点是什么？
- 听众需要记住的关键信息是什么？
- 如果你需要将演讲分为几部分，尽可能分为三个主要部分。
- 可以用相关信息佐证。

4. 怎么做

- 此次演讲实际是如何展开的?
- 举例子让演讲更加生动。
- 目前你对演讲了解到了什么程度?
- 使用更多与实际情况有关的信息。

5. 怎么应对

（1）问题与风险

- 你遇到了哪些问题?
- 针对遇到的问题,你采取了哪些措施?
- 你还可以预料到哪些问题?
- 你如何避免或者应对可能发生的问题?

（2）问题与评价

- 邀请听众提问。

（3）反复强调主要信息

- 提醒听众需要记住的信息。
- 把主要信息写在海报或者白板上。

（4）行动号召

- 告诉听众,你希望他们采取怎样的行动。

（5）描述未来的新情况,以积极信息收尾

- 说明接下来会发生什么。
- 介绍短期情况和长期情况。
- 可以促成哪些改进或改善？
- 感谢听众到场。

> **Tip 小诀窍**
>
> 演讲开头用"为什么""是什么""怎么做""怎么应对"来清晰地表明你要讲的内容。

一旦你习惯了固定的演讲结构,即兴演讲就能手到擒来。

> **Try 轮到你了**
>
> 尝试练习即兴论述某个主题或者说明某个项目。
>
> 你可以给自己录音,然后回放,请同事听你的演讲录音,给予反馈意见。
>
> (1) 写下"为什么""是什么""怎么做""怎么应对"四类问题作为提示。
>
> (2) 开始即兴演讲,以每类问题作为提示,如前面的例子所示。
>
> (3) 与别人讨论演讲效果,也可以自己听录音回放。

> **More 深度学习资源**
>
> 《神奇地演讲——用 NLP 改变你的舞台表现》(*Presenting Magically — Transforming Your Stage Presence With NLP*) 塔德·詹姆斯(Tad James)、大卫·谢泼德(David Shephard),2016.
>
> 本书涵盖了演讲的多个方面,可以帮助读者进一步学习 4MAT 体系。

第三章

一张幻灯片抵千言万语

秘诀 20

你的幻灯片绝不等同于你的演讲

人们经常觉得幻灯片就是演讲,比如我们常听到有人这么说:

- "你想借用我的演讲吗?"
- "我的演讲在U盘里。"
- "很遗憾,我错过了你的演讲,你能用邮件发给我吗?"

这种观点导致演讲围绕幻灯片展开,而演讲者弱化为幻灯片的朗读者。这显然是不对的,你是演讲的主角,而幻灯片只是辅助工具。

为什么这点至关重要

你的演讲远远不止几张幻灯片,因为最能感动现场听众的是你作为演讲者的个人影响力。

如果把幻灯片等同于演讲,就会导致以下状况。

- 演讲者会觉得所讲的一切内容都系于幻灯片；
- 幻灯片的页数过多，让听众看得筋疲力尽；
- 当听众意识到还有很多幻灯片要看的时候，他们的精神会明显地懈怠；
- 听众感到厌倦，尽管并非所有幻灯片都令人厌烦，但幻灯片还是让许多人感到乏味；
- 过度强调幻灯片的重要性会淡化演讲者的个人影响力；
- 过度依赖幻灯片会忽略其他能吸引听众的方式。

并非所有的演讲内容都需要幻灯片作为辅助，你要做的是将内容说出来。

如果几页幻灯片就可以代替你的演讲，那你便没有必要登台了

怎么做

1. 记住：你是来演讲的，不是来放幻灯片的

不要让幻灯片成为演讲的主角，用你的激情、声音和肢体语言来传达信息。幻灯片只是辅助你演讲的工具。

《学校扼杀了创造力吗》(*Do Schools Kill Creativity?*) 是最受欢迎的 TED 演讲之一，整个演讲过程中，演讲者肯·鲁宾逊（Ken Robinson）都没有用到幻灯片，他通过个人魅力和影响力成功地向听众传达了信息。

数量较少的幻灯片反而可以产生更大的影响力，因为这样可以突出现有的幻灯片。

2. 先规划好你的演讲

如果你边规划演讲边做幻灯片，那么最终幻灯片的数量肯定会超出实际需要的数量。这是因为你总是想把所有内容都放在幻灯片上。

> **Tip 小诀窍**
>
> 在考虑清楚你演讲的"故事情节"之前，不要去想制作幻灯片的事情。

当你为演讲设计好完整的"故事情节"之后，你可以总览全局，更好地考虑你需要哪些幻灯片。

3. 只有当你需要辅助工具时再使用幻灯片

仔细考虑在演讲进行到哪里时加入幻灯片可以提升演讲效果。对幻灯片一定要有所取舍，这样你最终制作的幻灯片才能带来最大的价值。

制作幻灯片的唯一目的就是提升演讲效果。

有人问：为了防止忘词，我喜欢把所有内容都放在幻灯片上，怎么办？

幻灯片的用途是服务听众，方便听众，当然，也可以使用幻灯片来避免遗漏重要的内容，但是，这只能偶尔为之。通常情况下，你最好采用其他方式来防止忘词，比如使用题词手卡或笔记。

> **Try 轮到你了**
>
> 在你准备下一次演讲时，按照秘诀 20 的步骤减少幻灯片的数量。
>
> 按照秘诀 18 中的方法，用便利贴规划演讲。

> **深度学习资源**
>
> 《演讲之书：三步成就一次好的演讲》（*The Presentation Book: How to Create It, Shape It and Deliver It*），艾玛·莱登（Emma Ledden），2013.
>
> 该书第 6 章"演讲要以听众为中心"介绍了如何以"演讲者为主导"而非以"幻灯片为主导"进行演讲。

秘诀 21

使用感染力强的视觉辅助手段让听众牢记演讲内容

你希望听众记住你的演讲，研究表明，视觉辅助手段可以促使听众记住演讲内容。

例如在东尼·博赞（Tony Buzan）所著的《思维导图完整手册》（*The Mindmap Book*）一书中，作者提到了雷蒙德·尼克森（Raymond Nickerson）的实验。雷蒙德向受试对象展示了 10 000 张生动明艳的图片，在看过这些引人注目的图片之后，受试对象接受测试，辨识给定图片是否属于之前的 10 000 张图片，结果显示，受试对象的辨识准确率达到了 99.9%。因此，生动的、显眼的图片更易于被人们牢记。

为什么这点至关重要

在演讲中使用生动的视觉辅助手段可以：

- 迅速阐明观点；

- 让听众轻松理解和记住信息；
- 提升演讲的感染力；
- 让演讲更易懂；
- 加快想法和信息的传递速度；
- 让你的演讲更具娱乐性和趣味性。

人类对于图片的辨识记忆能力几乎是无限的。①

——莱昂内尔·斯坦丁（*Lionel Standing*）

"对不起，我还以为你说的是'一张幻灯片上要有一千字'"

怎么做

开始选择视觉辅助手段之前，首先要考虑演讲是否需要这些辅助手段，许多优秀的演讲并没有借助视觉辅助手段。

---

① Lionel Standing, "Learning 10000 Pictures", Quarterly Journal of Experimental Psychology, 25-2, 1973.

> **Tip 小诀窍**
>
> 只在确实有使用价值的地方使用视觉辅助手段，并不是每一句话都要使用视觉辅助手段。

演讲者可选择感染力强的视觉辅助手段，形式包括：

- 视频
- 照片
- 想法的速写图
- 动画
- 实物
- 设备
- 示意图
- 图表
- 地图
- 演示

使用视觉辅助手段时，要注意以下几点。

1. 在演讲开始或结束时使用，也可以在演讲头尾一起使用

因为人们很容易记住事情的开始和结尾，所以在这两处使用生动的视觉辅助手段会产生良好的效果。视觉辅助手段传达的内容除了你希望听众记住的核心信息别无他物。

2. 调动听众情绪

图片要吸引听众，内容可以是人物、地点、事件、机器等，以此来调动听众情绪，帮助你传达信息。例如，你可以使用传达悲伤、兴奋、好奇、喜悦或震惊等情绪的图片。

3. 解释数据

折线图或者图表这样的视觉辅助手段可以让数据更易于理解。演讲者要确保视觉辅助易于理解且感染力强。

4. 让事情过程更清晰

如果我们在脑海中把事情的整个过程绘成一幅图，那么这个过程就能深深地印在听众的脑海中。将过程中的不同部分用不同颜色做标记，更易于理解。

5. 揭示不同要素之间的关系

使用谱系图或者组织结构图等视觉辅助手段来展示各个部分与整体的关系。首先，为整体演讲设计视觉辅助手段，然后为每一部分添加视觉辅助手段。

6. 使用思维导图规划演讲

使用思维导图设计演讲，由核心观点发散出其他想法。思维导图的用途很广泛，比如，它可以用于进行项目评估或者研究特定主题。你可以从东尼·博赞的多本著作中学习如何使用思维导图。

7. 让抽象内容变得具体生动

如果用多姿多彩的形式表现抽象的概念、理论或者模型，可以使其变得具体生动。用金字塔形状的图片来展示思想层次结构就是一例。

8. 使用图片做比喻来说明观点

设计感染力强的视觉辅助手段，用比喻的方式表述你的观点，比如：我们这个团队就像摩托车队一样。

> **轮到你了**
>
> （1）选择你现有的一套幻灯片，检查视觉辅助手段的引入是否提升了演讲效果。如果效果较差，可以移除或者修改幻灯片，特别是那些以文字而非图片为主的幻灯片。
>
> （2）研究自己的下一场演讲，在能用视觉辅助手段强调演讲信息的地方做好标记，然后参照秘诀 22 来制作幻灯片。

> **深度学习资源**
>
> 《演说之禅——职场必知的幻灯片秘技》，加尔·雷纳德，2007.
>
> 该书的第 5、6、7 章可以帮助你了解在实际工作中如何设计简洁明了的幻灯片。

秘诀 22

制作令人过目不忘的幻灯片的 5 个原则

所谓"夺命 PPT"已经成了枯燥无味的演讲的代名词，但如果我们设计幻灯片时能考虑听众的需求，其实幻灯片是可以提升演讲效果的。

在秘诀 22 中，我们会关注如何使用幻灯片能增强演讲的感染力。

为什么这点至关重要

设计糟糕的幻灯片会:

- 让你解释问题变得更加困难;
- 让听众更难理解你的观点;
- 让你的听众疲惫不堪;
- 导致你的演讲趣味性和感染力下降;
- 降低你实现演讲结果的概率。

人们不可能同时阅读和聆听,很多演讲者却总是强人所难

怎么做

切记,幻灯片存在的意义是帮助听众达到你想要的演讲结果,因此,在制作幻灯片时要考虑以下问题。

- 制作幻灯片的目的是什么？
- 演讲时幻灯片能否帮助听众？
- 如果没有幻灯片，你能否更清晰地解释这个问题？

一旦你决定了要将哪些内容制作成幻灯片，你可以遵循以下 5 个原则，确保幻灯片有助于听众理解你的演讲。

1. 幻灯片的内容与发放给听众的讲义内容不同

许多演讲者会将幻灯片打印出来，当作讲义分发给听众，但当我们想将幻灯片同时用作给听众的讲义时，制作出来的幻灯片往往是不伦不类的东西，加尔·雷纳德称之为"幻灯讲义"（slide-u-ment）。这样的幻灯片往往会"两头落空"，既不是好的幻灯片，也不是好的讲义。

幻灯片易于理解，是因为有演讲者对其进行解释说明，幻灯片本身包含的信息其实很少，听众自己阅读时很难完全理解。同样，如果将悉心制作的讲义手册当作幻灯片投映到荧幕上，也无法达到良好的效果。

规则：好的幻灯片不会是优秀的讲义，而好的讲义只会是糟糕的幻灯片。

2. 一张幻灯片上只介绍一个信息

一张幻灯片上容纳太多的信息会降低幻灯片的感染力。试着只在一张幻灯片上放入一个信息或想法，尽管这样做会让你的幻灯片张数多于预期数量。宁可增加幻灯片的数量也不要在一张幻灯片中塞入过多信息。

幻灯片的内容要与发放给听众的讲义有所不同

> **Tip 小诀窍**
>
> 除非听众在演讲现场可以用到你的讲义，否则尽量不要分发讲义，因为这会使听众分心。

3. 幻灯片上字尽量少一点

新南威尔士大学的研究者发现人类无法在阅读文字的同时认真倾听，但是在演讲过程中，听众经常要一边阅读屏幕上的文字，一边听演讲者讲述，这很耗费听众的精力。

如果单个词汇或者重要信息横跨整个屏幕，即一张幻灯片上仅有单个词汇或者重要信息，那么这张幻灯片的效果会非常好，因为读这个词或者信息仅需要几秒，而在演讲者进行详述的时候，词汇或者重要信息依旧在屏幕上供听众阅读。

与大多数人的想法相反，幻灯片上的文字越多，听众记住的就越少。

——加文·米克尔

米克尔援引了理查德·E. 迈耶（Richard E. Meyer）博士刊载在《多媒体研究》（*Multimedia Learning*）上的研究成果，该研究表明，删除幻灯片中的一些要点，听众回忆信息的效率反而提升了28%。

4. 将信息转化为图片

- 将数据转换为图表或图形。
- 使用颜色来增强听众对信息的记忆。
- 文字和图像与背景形成鲜明的对比，要突出、醒目。
- 使用感染力强的照片感动听众。
- 使用含有比喻意义的图片来表达观点。

5. 幻灯片仅包含必要内容

不要设计"视觉效果混乱"的幻灯片，幻灯片上除了帮助你传递信息的内容，应该别无他物。

图表常有许多额外的内容，比如标准单位、图注，甚至是不需要的数字，这些内容在说明趋势的时候可能毫无作用，你应将它们从幻灯片中删去。

一张大图远比几张小图的感染力强。在幻灯片上留白可以让信息更醒目。

让听众一眼看到重点，让重点为听众所牢记。

第三章　一张幻灯片抵千言万语

> **Try 轮到你了**
>
> （1）让你的同事或者朋友了解上述 5 个原则。
>
> （2）请他们根据这 5 个原则检查你演讲的幻灯片是否符合要求。
>
> （3）请他们提出反馈意见，你根据意见对幻灯片做出修改。

> **More 深度学习资源**
>
> 《演说之禅——职场必知的幻灯片秘技》，加尔·雷纳德，2007.
>
> 该书内容极具深度，可以让你设计出出彩的幻灯片。

秘诀 23

"画"出你的想法并使观众信服

如果你能迅速"画"出自己的观点，那么观众就能迅速理解。你要做的就是画出能够传递意义的简单的图片，仅此而已。只要你能勾勒线条，画出形状，那么你就能做到这一点。

为什么这点至关重要

这种非常规的演讲方式蕴含着巨大的能量，具体体现在以下几个方面。

- 见效快。你画每一条线的时候，观众的注意力都在你身上。
- 你只需寥寥几笔就可以让听众理解你的观点。

- 即便是粗糙的草图也会留存在观众的记忆里,所以你的绘画水平不需要很高。
- 草图能让观众跟随着你的思路。
- 听众可以确切地"看懂"你的意思。
- 人们喜欢看着图片一步步完成。
- 这种方式与众不同,与常规的PPT相比,它能给观众带来全新的体验。

当斯派克画出自己的提议时,观众们真的看懂了他的意思

给观众留下深刻印象最关键的诀窍就是在现场画出你的想法。

怎么做

1. 画人脸——在任何话题中都可以用到

如果你认为自己不擅长绘画,试着画出图3-1这个我设计的角色——斯派克。

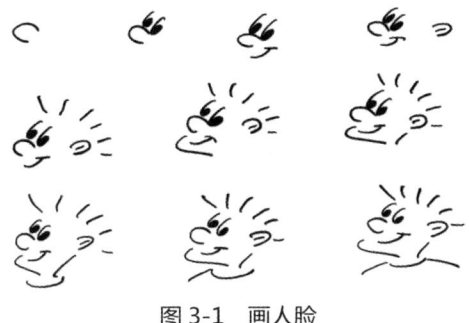

图 3-1　画人脸

当你掌握了画斯派克的技巧，那么你就可以使用同样的步骤画出其他人物，如图 3-2 所示，这些人脸只是斯派克的变形而已，试试画出他们。

图 3-2　用同样的步骤画其他人物

2. 用简单的符号来表述意义

现在试着画出图 3-3 中的图形。

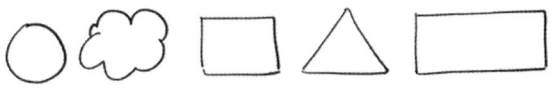

图 3-3　简单的图形

接着画出图 3-4，它们是由图 3-3 中的图形构成的。

图 3-4　简单的图形构成的图像

我们可以赋予这些图画意义，也就是说，它们可以象征你要表达的意思，如图 3-5 所示。

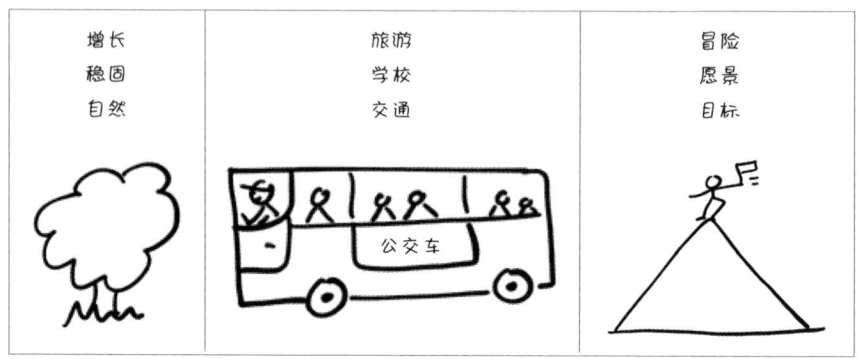

图 3-5　图形的象征意义

> **小诀窍**
>
> 你可以在不同场合使用同一张图片，因为一个符号可以代表许多东西。

绘出含有比喻意义的图画来对项目进行解释

3. 应用

结合已有的符号，用线条、箭头以及文字代表其他信息，你可以表达海量的内容。当你把想法转化为图片的时候，听众可以迅速理解你要表达的想法。

4. 三种画图方式

（1）在白板或活动挂图上现场作画

这种方式一改常规的预先准备好视觉辅助手段的做法，让听众目睹图片或表格逐渐生成的过程，极具魅力与吸引力。当我们以这样的方式呈现信息的时候，听众可以毫不费力地理解很多内容，但这种方法可能更耗时，现场时间会比较紧张。

（2）提前画好部分内容，现场添加剩余部分

你可以提前画好部分内容，这样可以节省时间，也不影响你在现场画出剩下的内容来吸引听众的注意力。

画流程图来解释进展或过程

（3）预先画好图片

相较于现场绘制图画，这种方式的感染力有所削弱。但是，这种方式适合刚开始使用速写画的新手。如果你还没有信心在听众面前作画，你可以使用这种方式。我的建议是尽早开始现场作画。切记，不是只有完美无缺的图画才能传递信息。

练习作画技巧，你的技术会很快得到提升。

Try | 轮到你了

学会画出自己的想法。

（1）听演讲时，与演讲者一起画速写画。

（2）下一次演讲时选一些可以用速写画辅助解释的内容。

（3）先画一个草图，模拟现场情况，改进画稿，为演讲做好准备。

> **More｜深度学习资源**
>
> 《黏性沟通：通过画图让你的信息更有黏性》（The Art of Business Communication: How to Use Pictures, Charts and Graphics to Make Your Message Stick），格雷厄姆·肖，2014.
>
> 通过该书，你可以学习如何在商务活动中用速写画表达自己的想法。

秘诀 24

6招玩转活动挂图和白板，提升演讲感染力

在活动挂图或者白板上写字或者作画可以极大地提升演讲的感染力，然而，人们往往忽视了这种方式，大抵是因为演讲者不敢去尝试，或是没有意识到这种方式既非常简单，又极其高效。

为什么这点至关重要

在秘诀23中我已经解释了部分原因，下面补充一些关键原因。

- 这种方式的技术含量并不高，演讲者不需要花时间准备幻灯片。
- 这种方式虽然不够正式，但是感染力极强。
- 这种方式非常灵活，演讲者可以随时提出并修改观点。
- 这种方式能给听众留下深刻的印象。

许多办公室都有活动挂图或白板，我们可以借助它们解释自己的想法。这种技巧值得演讲者学习。

怎么做

1. 从一片空白开始——让人们着迷的"神奇"方法

当人们看到图表在他们眼前逐步呈现时,他们会被深深地吸引,这比预先准备好所有信息的效果更好。最令人惊叹的是,当演讲者用这种方式进行演讲时,听众可以记住很多信息,也更容易理解演讲内容。

2. 使用图形、线条、箭头和符号,让听众相信你的观点

你可以将演讲中的信息转化为视觉图像,比如流程图、示意图或者地图。

如果你觉得自己不擅长绘画,可以参考秘诀23,你会发现画画原来如此简单。

凯伦非常吃惊,她发现即使是自己草草几笔画成的图,
竟然也可以牢牢吸引团队成员的注意力

当杰夫一边画图一边汇报时，听众总是聚精会神地听着

> Tip 小诀窍
>
> 放手去画——并不是只有完美的速写画才能让听众记住。

3. 除了标题均使用小写字母

大写字母组成的单词总体形状是长方形的，这无疑给听众快速阅读带来了障碍。小写字母易于阅读，因为它们组成的单词有独特的形状。

如果你在活动挂图或者白板上写的字较多，一定要用小写字母

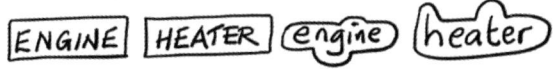

4. 使用多种颜色

人类的大脑喜欢多种多样的色彩，因为它们易于记忆。

确保你的速写图至少有四种颜色，当然，可能的话尽量多于四种。

5. 使用优质的画笔

选择方形笔头和子弹头的马克笔。

子弹头的马克笔可以画出细线；方形笔头的马克笔既可以画出粗线，也可以画出细线，我更喜欢这种笔。

不要指望演讲现场有像样的用笔。质量差或者墨水快用完的笔会影响你的演讲效果。

演讲时，你要带着自己的优质画笔。

6. 写字或者画画时站在白板的一侧，让听众看到你画的图

切忌背对着听众，或挡住某位听众的视线。

你应该站在可以跟听众进行目光交流的地方。

切记：

- 站在活动挂图或者白板的一侧；
- 如果你是右撇子，站在活动挂图的左边；
- 如果你是左撇子，站在活动挂图的右边；
- 在你写字或者画画的时候，确保听众可以随时看到白板上的内容；
- 当你不在写字的时候，站在可以看到所有听众的地方，面对他们，保证他们能看到白板。

试着在实践中运用这些方法，让你的演讲与众不同。

Try | 轮到你了

练习在演讲中使用活动挂图或者白板来阐述自己的观点，你需要一支铅笔和一张白纸。

（1）绘制草图。可以针对不同的话题绘图。

（2）检查你的草图，修改优化，然后绘制最终版本。

> **深度学习资源**
>
> 《视觉会议：应用视觉工具促进团队沟通、决策与执行》（*Visual Meetings: How Graphics, Sticky Notes & Idea Mapping can Transform Productivity*），大卫·西贝特（David Sibbet），2010.
>
> 本书介绍了许多非常新颖的视觉沟通手段。

第四章
为演讲加入闪光点和戏剧性

秘诀 25

在演讲前 30 秒抓住听众注意力的 4 种方式

"引人注目的开头"会让听众迅速投入演讲之中,"引人注目的开头"要与演讲主题息息相关,这样,你就能最大限度地发挥开头的感染力。

为什么这点至关重要

- 演讲的开头极大地影响着听众对演讲的感觉和看法。
- 人们会记住事情的开头。
- 人们会记住与众不同的内容。
- "引人注目的开头"可以让听众进入兴奋、担忧或者惊讶的情绪状态。
- "引人注目的开头"可以实现开头到主题的有力过渡。

但是仅仅有引人注目的开头是不够的,你必须把开头与主题联系起来。

第四章 为演讲加入闪光点和戏剧性

怎么做

下面介绍四种引人注目的开头方式。

1. 列举饶有趣味的事实或者令人震惊的数据。

这种做法能让人们为之一振，洗耳恭听。

杰里米通过表演魔术伞戏法成功吸引了团队的注意力，
但大家还是想知道这个戏法与商业计划有什么关系

列举令人惊叹的事实或者数据也能达到吸引听众的目的，比如大卫·爱泼斯坦（David Epstein）2014 年在 TED 上演讲时是这样开头的：

2012 年奥运会马拉松项目的冠军选手跑了 2 小时 8 分钟，如果他与 1904 年奥运会的马拉松冠军同场竞技，他将会以少用一个半小时的优势获胜。

105

> **小诀窍**
>
> 你举出的事实必须令听众瞠目结舌。

演讲者可以列举一系列相关事实或数据作为开头,比如苏珊·平克(Susan Pinker)在 2017 年的 TED 演讲中,先举了两个非常有趣的事实,又在第三个事实上卖了个关子。

- 有一个非常奇妙的现象:在发达国家,普遍来说,女性的寿命平均比男性长 6~8 年。
- 2015 年,《柳叶刀》杂志的一篇文章指出,在经济发达国家,同龄男性的死亡率是女性的 2 倍。
- 但是世界上有一个国家的男女寿命没有差别。

以这样的顺序列举事实,既抓住了听众的注意力,又引起了他们的兴趣。

2. 使用道具

你可以选择:

- 相关设备;
- 使用道具来展示某项技术或者某个过程;
- 在听众中传递某件物品,比如最新产品的样品。

埃德·博伊登(Ed Boyden)在 2016 年的 TEDSummit 上使用了婴儿尿不湿。演讲时,他拿起尿不湿,向听众解释制作尿不湿的材料体积可以膨胀 1000 倍。然后,他过渡到大脑研究方面,他想尝试用尿不湿中的材料让大脑膨胀,如果这种材料在大脑中也能像在尿不湿中那样膨胀,那么人类就可以扩张大脑,使大脑更容易研究。

将尿不湿作为道具不仅抓住了听众的注意力,更给他们留下了深刻印象。

3. 提出大胆的主张

在 TEDxHull 的演讲中,我开场便宣称我能教会所有听众画卡通画,这吸引了他们的注意力。正如秘诀 13 中提到的,我这么说是因为听众中的大部分人认为他们不擅长画画。

用不同的方式提出观点会产生不同的效果,比如以下几种方式。

- "做好这件事,你的影响力会大大提升。"
- "这种记忆技巧将大幅提高你的学习能力。"
- "每天只需 10 分钟,健康常驻。"

在演讲的开头提出怎样的主张可以抓住听众的注意力?这个主张不必过于夸张,但必须对听众具有较高的价值。

用令人信服的方式表达你的主张。

4. 讲故事

故事的第一句话必须深深吸引听众,比如:

- "去年,我的一段经历改变了我的生活……"
- "有天我一觉醒来,突然想出一个好点子……"
- "我女儿四岁的时候开始学习芭蕾……"

即使听众不知道你讲的故事与演讲有何关系,他们也会用心聆听,因为他们知道,你后续会揭晓两者的联系。

> **轮到你了**
>
> 为下一次演讲设计属于自己的引人注目的开头。
>
> (1) 写下 3 个与演讲主题有关的、能吸引听众注意力的想法。
>
> (2) 选出你认为最好的一个。
>
> (3) 考虑如何在演讲开头使用。

秘诀 26

创造"哇时刻",让听众深信不疑

我们都有过这样的经历,当我们目睹了令人惊叹的事情时,都不禁会发出"哇"的声音。如果你能在演讲中制造这样的时刻,并且让它们与演讲主题联系起来,势必可以让听众对你深信不疑。

为什么这点至关重要

让人们接受新的观点往往会挑战他们旧的想法,而"哇时刻"可以引起听众情绪上的激烈反应,这些时刻对听众旧有观点的冲击远大于你费尽口舌解释自己的观点带来的冲击。

> 比起平淡无奇的事情,扣人心弦的事情更能让人印象深刻。
>
> ——《像 TED 一样演讲》(*Talk Like TED*),卡迈恩·加洛(Carmine Gallo)

第四章 为演讲加入闪光点和戏剧性

演讲中的"哇时刻"可以获得以下效果：

- 让听众欢笑或哭泣；
- 撼动听众原有的观点；
- 让听众转换视角看问题；
- 帮助听众记住你演讲中的重要信息；
- 促使听众行动起来。

怎么做

创造一个与众不同的时刻。

精神病学家和儿科医生海德维希·冯·雷斯托夫（Hedwig von Restorff）发现，当某件事与众不同、独树一帜时，人们更容易记住，这就是孤立效应（isolation effect），也称冯·雷斯托夫效应。留意以下哪个词汇是与众不同的：汽车、公交车、火车、自行车、长颈鹿、卡车、飞机、轮船。

在大家的要求下，米歇尔重复了 15 次她为听众准备的"哇时刻"，听众已经把自己要听的商业简报抛到了脑后

下面介绍几种制造"哇时刻"的方法。

1. 给予听众难以置信的体验

"看不见的大猩猩"这项实验为我们提供了极好的例证,这项研究是由哈佛大学的丹尼尔·J. 西蒙斯（Daniel J.Simons）和克里斯托弗·F. 查布里斯（Christopher F.Chabris）主持的。

他们要求受试对象观看一段录像,录像中有一组人在传球,受试对象需要计算传球的次数。此后,他们询问受试对象是否注意到了录像中有大猩猩。事实是,即便扮演大猩猩的工作人员穿着戏服在人群中来回走动,大部分受试对象都没有注意到大猩猩的出现。这表明,我们往往只留意我们关注的事物,这种现象叫作"非注意盲视"（Inattentional Blindness）,许多问题都与之有关,比如偏见。

2. 让听众为自己感到惊讶

如果能画出一个大家都认识的人,大多数人都会感到异常惊喜。如图 4-1,你可以按照图中的步骤画出爱因斯坦。

图 4-1　画出爱因斯坦的步骤

能够画出爱因斯坦证明我们都有尚未开发的才能,这恰恰是我们可以从这个小练习中明白的道理。

其他活动可以收获相同的效果，比如向听众介绍令人赞叹的记忆技巧。你可以从八次获得世界记忆冠军的多米尼克·奥布赖恩（Dominic O'Brien）的书中学到这种记忆技巧并为己所用。

3. 用视觉辅助手段激发听众的兴趣

视觉辅助可以与许多信息联系在一起。

名叫"一本有趣的魔法涂色书"的魔术非常简单，表演者只需要一本同名的儿童涂色书作为道具。当你第一次飞速翻动该书时，听众看到的是白色书页；但当你第二次翻动该书时，听众却看到所有书页上有了黑白图画；等你第三次翻书的时候，所有页面上都画满了彩色的图画。这个魔术表演起来非常简单，但是人们总是为之惊叹不已。我给孩子们做演讲的时候曾经用过这招，我告诉孩子们记忆技巧就如同这个魔术一般神奇，这样就将魔术和我的演讲主题联系在了一起。

你可以将同一个魔术与不同的信息关联起来，关键在于表演魔术时讲的故事需要随之改变。

> **Tip 小诀窍**
>
> 有时你会绞尽脑汁想要设计一个新的"哇时刻"，可以尝试使用现有的"哇时刻"，然后想一种能将它与你现在的主题联系起来的方式。

> **Try 轮到你了**
>
> （1）写下你演讲的关键信息，然后思考可否找到能与之联系的"哇时刻"。
>
> （2）将绘制爱因斯坦的方式作为"哇时刻"融入自己的演讲。
>
> （3）思考如何将视觉辅助手段与你的演讲相结合。

> **深度学习资源**
>
> 《像 TED 一样演讲：打造世界顶级演讲的 9 个秘诀》（*Talk Like TED: The 9 Public Speaking Secrets of the World's Top Minds*），卡迈恩·加洛，2017.
>
> 该书第 5 章指导演讲者创造"让观众惊掉下巴的环节"。

秘诀 27

用故事和比喻抓住你的听众

人们总是对故事或者比喻喜爱有加，所以一个简单的故事和比喻总能让听众迅速理解你的观点。故事和比喻有着能唤起听众情感的力量，让听众发自内心地被你的演讲吸引。

为什么这点至关重要

> 许多认知科学界的学者认为，人们不仅会在说话中运用比喻，还会用比喻来思考和推理。
>
> ——詹姆斯·劳利（James Lawley）、彭妮·汤普金斯（Penny Tompkins）
> 合著有《心中的比喻》（*Metaphors in Mind*）

《洁语言》（*Clean Language*）的作者温迪·沙利文（Wendy Sullivan）和朱迪·里斯（Judy Rees）曾写道："在比喻之中，信息好像已经打包完毕，非常便于传递。"奥斯卡·王尔德（Oscar Wilde）的名言"回忆是我们每个人随身的日记"令人印象深刻，它印证了温迪和朱迪的观点。

话语之中带有比喻已然是常事，人们已经习以为常。诸如我们常用"如履薄冰"（We're skating on thin ice）来形容情势危急，而用"老鼠拉木锨，大头在后面"（This is the thin end of the wedge）来形容事情会越来越糟。我们在日常生活中经常能听到这些表述。

使用故事和比喻能产生以下效果：

- 唤起听众情感上的共鸣；
- 激发听众的想象力；
- 因为听众想知道接下来的内容，所以可以引起听众的好奇心；
- 帮助听众记住演讲内容；
- 高效地传递信息，同时避免自己的演讲听起来像授课；
- 帮助听众轻松地理解信息；
- 可以避免听众对新观点的抵触。

怎么做

以下是一些值得借鉴的方法。

1. 用故事开头

"离这里不远的山区发生过一件举世瞩目的事情……"在演讲的开头，你就要用故事紧紧抓住听众的注意力。通常情况下，直接进入故事，无须过多解释，就可以产生最大的感染力。

2. 用"我曾经……"讲述你自己的故事

讲述亲身经历的故事，可以有效地与听众建立良好关系，比如你说"昨天，我在商场结账的时候，突然想到……"

像这样，讲述真实的故事可以将演讲者的个人影响力引入演讲中。

团队成员已经理解了格洛丽亚的观点，
但他们觉得她做比喻时有些入戏太深

> **Tip 小诀窍**
>
> 用自己的语言描绘画面，让听众看到、听到、感觉到。

3. 讲述别人的故事

"有个叫埃莉的女孩，我想给你们讲一讲她的故事。埃莉梦想成为舞蹈演员，但问题是……"和讲述自己的故事不同，在讲述别人的故事时，我们可以非常客观地评价他们的性格、才华、美德，丝毫不需要吝惜溢美之词，而在讲述自己的故事时，这样的赞美会显得不够谦逊。

4. 用故事证实自己的观点

罗杰·班尼斯特（Roger Bannister）将1英里①的世界纪录缩短到了4分钟以内，而在此之前，许多人都认为这是不可能的。罗杰·班尼斯特的成功也让其他人相信自己也能做到。仅仅46天后，该项记录再次被刷新，而一年之后，同场竞技的3名运动员同时跑进了4分钟。你总能找到一个合适的故事来支撑自己的观点。

5. 使用比喻让抽象概念具体化

如果我们可以让想法具体化，那么听众可以更加轻松地理解演讲内容。奇普·希思（Chip Heath）和丹·希思（Dan Heath）在他们的书《行为设计学》（*Made to Stick*）中，用一个比喻告诉我们，大家之所以喜欢使用比喻，正是因为比喻可以抓住不同事物之间的相似点，"不做具体的铺垫便尝试解释抽象概念，就如同在盖房子的时候试图让房顶架在空气之上"。

6. 用故事支撑逻辑论据

亚里士多德强调说理不仅仅需要提供事实依据，还需要有情感联系。所以，你需要用故事来支撑你的数据，比如，可以用真实、成功的治疗案例来作为相关医疗数据的支撑。

7. 用故事来结尾

用故事来结束演讲，故事必须令人难忘，且包含演讲的关键信息。

如果每次演讲你都运用讲故事和做比喻的手法，那么，你很快就会熟练运用这一方法。

---

① 1英里 ≈ 1609.34米。

> **轮到你了**
>
> (1) 下次你的演讲需要解释某事时，可以尝试使用"这就像……"的表述；
>
> (2) 找出你在此前演讲中使用过的比喻，明确其作用必须是帮助听众理解你的观点；
>
> (3) 选择一个故事或轶事来支撑论述你演讲中的关键观点。

> **深度学习资源**
>
> 《会讲故事才是好演讲》（*The Storyteller's Secret*），卡迈恩·加洛，2018.
>
> 如果你想学习讲述故事、激励人心和改变生活，那么该书是极好的读本。

秘诀 28

善用幽默

许多演讲都因为演讲者风趣幽默、演讲氛围轻松而取得了良好的效果，但幽默若是使用不当，就会产生反作用。我们经常会遇到演讲者本来想活跃气氛，最终却收效甚微，现场气氛"就像铅做的气球，不升反降"的情况。

为什么这点至关重要

幽默运用得当可以达到以下效果：

- 与听众建立"亲和感"，激活听众情绪；
- 增加演讲的趣味性；
- 让听众牢记关键信息。

第四章　为演讲加入闪光点和戏剧性

怎么做

1. 使用"看得见的"幽默

最有趣的话语其实并不是笑话，而是与听众生活息息相关且他们能够理解的内容，这就像用一面镜子反映生活，不仅会引人发笑，还能让听众知道你与他们有许多共同之处。

- "每当你心急如焚的时候，等待的队伍却总是移动缓慢，这是为什么呢？"
- "不知道你有没有遇到过这样的情况：你走入一个房间，却忘记了为什么要去那里。"
- "不知道是不是只有我一个人遇到过这种情况，还是你们也一样，每当我去询问低价优惠的商品时，答复总是缺货。"

其实这些话语本身并不好笑，但当听众理解、认同你的本意时，他们都会会心一笑。

格拉尔德本以为听众会喜欢他讲自己好笑的野营假期，
但很遗憾，他最得意的笑话并没有命中听众的笑点

2. 讲的笑话要为你的演讲服务

冷不丁地讲笑话势必会让听众疑窦丛生，不知发生了什么。所以，引入笑话的方式非常关键。当你讲的笑话与所述信息相关联时，听众会理解你的用意。

> **Tip｜小诀窍**
>
> 笑话要与主题相关联，这样引入笑话的意义便显而易见了。

下面是一些帮助你引出笑话的表述。

- "我们目前遇到的问题，类似于想要……的人。"
- "这就好像那位找医生要……的男士。"
- "管理这个项目，让我想起了一个人，他试图……"

绝对不要使用冒犯别人的笑话。

3. 使用与你的演讲主题相关的轶事

分享轶事可以让听众会心欢笑，又不会像笑话一样留下刻意安排的痕迹。

现实生活往往比虚构的幽默故事更加有趣，精挑细选的轶事既能阐明观点，又能为演讲增添幽默感。

4. 向他人学习，也要有自己的风格

向专业的喜剧演员学习可以获得极大的收获，他们的许多技巧都可以融入演讲中。然而，舞台表演和诸如商业或教育领域的演讲之间存在着巨大的差异。观众对表演者的期望与听众对演讲者的期望完全不同，这是我们在使用幽默技巧时应该牢记的。

5. 留意演讲中自然产生的幽默

演讲中，幽默会自然而然地产生，也经常会出乎意料地出现。幽默可能来自听众的发言，也可能来自你对听众发言的回应或对听众问题的回答。出现这样的情况时，你要学会合理利用，充分发挥其作用。

> **Try 轮到你了**
>
> （1）如果不习惯讲笑话，你可以当着好朋友的面练习一下。
>
> （2）准备一件适合你的演讲且有趣的轶事，用其阐明一个观点。
>
> （3）当遇到风趣幽默的演讲者时，考虑他的哪些表现可供你学习模仿。

练习演讲 | **2** PART

第五章

紧张很正常

秘诀 29

做好演讲不需要你进入禅定时刻

我们都想在讲台上镇定自若,虽然心态平和非常有助于在演讲时发挥得更好,但是些许紧张也能改善你的表现。

为什么这点至关重要

过于放松会导致演讲者自鸣得意。

在体育运动中,以弱胜强的例子不胜枚举。热门选手或者队伍在赛前往往认为自己注定获胜,这种心态很难摆脱。相较之下,处于劣势的一方往往能够摆正心态,激励自己,良好发挥。他们的注意力和专注度都达到了最佳状态。演讲亦是如此,你必须保持良好的竞技状态,才能有出色的发挥。

- 如果你太放松,可能会滋生麻痹大意的情绪。
- 只有精神高度集中,你才能在演讲中有更好的发挥。

- 只有当你充满信心而非过度自信，你才更有可能在演讲中有良好的发挥。
- 只有准备妥当，你才能在演讲中拿出最佳状态。

汤姆正全神贯注地为每周简报调动自己的情绪，
但他没有注意到团队已经处在最佳状态

如果演讲者毫不紧张，那我会质疑其演讲内容的重要性。

怎么做

以下内容将帮助你在演讲时更好地发挥。

1. 举手投足，自信流露

当你假装自己很强大的时候，你愈发可能真正感到强大。

——艾米·卡迪（Amy Cuddy）2012年在TED Global会议上的演讲

研究人员要求受试对象分别保持两种特定姿势 2 分钟。第一类姿势是"低能量"（low-power）姿势，人体相对缩紧，低头弓腰；第二类姿势则是各种"高能量"（high-power）姿势，比如挺直站立，两脚分立，手放在臀部。

在保持"高能量"姿势 2 分钟之后，检测显示受试对象的睾丸酮水平显著提升，而睾丸酮是提升人体兴奋度和体能的主要激素。与此同时，受试对象的"压力激素"皮质醇则大幅降低。而保持"低能量"姿势的受试对象结果则恰恰相反。所以，你不妨在演讲之前以"高能量"姿势站立 2 分钟，这会让你更加有活力，更加自信。

2. 发掘其他场景下令你表现优秀的因素

你可以尝试以前奏效的方法。比如，某段音乐能调动你的情绪，特定的着装会增强你的自信。那么，在这种情况下，音乐和服饰就成了你所谓的"心锚"（anchor）。《NLP 的运作》（*NLP at Work*）的作者奈特（Knight）认为："心锚是一种刺激因素，它可能是声音、图像、触觉、气味或味道，总能触发人们相应的反应。"你可以想一想能激发自己状态的"心锚"是什么。

3. 为未来的演讲养成自己的准备习惯

在登台演出之前，演员总是做相同的准备工作。在演讲前做同样的事情并养成习惯是保证你拥有良好状态的可靠途径。思考能够改善你的演讲表现的行之有效的习惯，比如提前到场。

演讲者之间各有不同，一定要找到适合自己的习惯。

4. 用让自己舒服的方式准备演讲

每个人需要进行的准备工作各不相同。你会慢慢摸索出自己要做哪些准备工作才会在演讲中舒服自如。听从自己的直觉，只要你觉得有些事情不合适，那么果断做出改变。

5. 想象演讲成功的画面

完成了演讲的准备工作后，你就可以在心中默默进行演练。想象自己真的身临其境登上讲台。注意想象中你听到和看到的细节。去想象积极的场景，想象理想的结果而非糟糕的表现。像运动员那样在脑海中想象自己完美的发挥，这样的想象能提升你在现实中的表现。

> **轮到你了**
>
> 以下方法能使你拥有属于自己的促进演讲良好发挥的习惯。
>
> （1）写下三件可以使你产生积极情绪或者产生强烈自信的事情，可能是听某首歌曲，穿某套西装或者在脑海中回味曾经的成功。
>
> （2）在其中选出可供将来演讲使用的方法，在演讲前调动自己的情绪。
>
> （3）写出你在演讲之前的理想习惯。

秘诀 30

紧张的时候多做深呼吸

当我们感到焦虑的时候，其实我们注意力的焦点并不在眼下，通常情况下，我们会因曾经发生的事情或者是未来可能发生的事情感到焦虑。有时，人们称这种状态为"离心状态"（off-centre），与之相反的是专注状态（centred）。"离心状态"下，我们的压力激素皮质醇的水平会升高，让我们难有良好的发挥。

做一次深呼吸，你的注意力就会回到当下。

第五章　紧张很正常

为什么这点至关重要

要想有出众的表现，我们必须全神贯注，聚焦当下。

当你感到焦虑且没有关注当下的时候，就会产生以下负面反应。

- 你的思路无法保持清晰；
- 你可能产生恶心、头疼甚至更严重的反应；
- 你的紧张情绪会在举手投足间流露；
- 听众会对你失去信心；
- 你很可能会进入"飞行模式"或者"无线电关闭模式"，或像被行驶中的汽车车灯突然照到的兔子那样呆若木鸡；
- 你可能会感到恐惧，这会影响你的发挥。

怎么做

当你开始感到焦虑时，简单的 3 招能帮你克服消极情绪。

雷切尔讨厌公共演讲，但是目前台下坐的已经是最配合的听众了

1. 深呼吸，拉回注意力

温迪·帕尔默（Wendy Palmer）和珍妮特·克劳福德（Janet Crawford）在《领导力的体现》（*Leadership Embodiment*）一书中建议我们深吸一口气，就像在潜水时那样；然后长出气，好像要吐光肺里所有的空气一般。在这期间，保持直立的站姿，充分放松肩膀。仅仅需要重复几次，你就可以感到你的注意力已经回到了当下，你的紧张情绪也大大缓解。

我们坐立的姿势可以改变我们思考和说话的方式。

——温迪·帕尔默、珍妮特·克劳福德，《领导力的体现》

2. 将焦虑情绪转化为积极情绪

当我们只看到事情消极的一面时，我们便会感到焦虑。但是，我们可以换个角度考虑问题，方法是思考"可不可以从其他角度看待这个问题"。

下面举几个例子。

当你在演讲开头时犯了错误，你的本能反应可能是："我犯了错误，这次演讲要泡汤了。"但你可以换个角度看待目前的情况，你可以积极地想："这让我可以早早集中注意力，在后面的演讲里谨慎小心。"

当你在演讲中忘记自己接下来要讲的内容时，你的本能反应可能是："瞧瞧，这就是我，真没用！"但你换个角度看待目前的情况，你可以积极地想："任何人都会忘词，我肯定能找到办法避免下次发生类似的情况。"

> **Tip 小诀窍**
>
> 喝水。因为缺水会导致压力，而压力又会引起缺水。阿曼达·卡尔松（Amanda Carlson）告诉我们："研究表明，身体流失半升水分，便会导致皮质醇水平上升。"

3. 给消极情绪贴上积极的标签

实际上，我们平时说的积极情绪和消极情绪本质上是相似的。比如"紧张"与"兴奋"的感觉经常是相同的。

有一种方法可以迅速克服紧张情绪，那就是改变我们对紧张情绪的描述。当你想说"我感到很紧张"或"我的心里七上八下"时，你可以换种说法，比如说"我满心期待"或"这真令人兴奋"。

记住，你需要改变你对消极情绪的描述，以此来改变你对消极情绪的反应。

> **Try | 轮到你了**
>
> （1）下次，当你留意到自己变得焦躁不安的时候（比如在排队的时候），尝试本秘诀中的呼吸练习，锻炼自己，重新集中注意力。
>
> （2）调整你对消极情绪的反应，当你下次对某事产生消极情绪的时候，注意提醒你自己，这仅仅是你的个人感觉罢了。要考虑其积极意义。

> **More | 深度学习资源**
>
> 《领导力的体现：我们坐立的姿势可以改变我们思考和说话的方式》（*Leadership Embodiment：How the Way We Sit and Stand can Change the Way We Think and Speak*），温迪·帕尔默、珍妮特·克劳福德，2013.
>
> 该书第5章中的一系列技巧可以在你面对压力时给你提供帮助，帮助你利用正念和身体提高个人能力，改善个人表现。

秘诀 31

演讲并不需要一字不差

怎样才能记住演讲的内容呢？当人们想到演讲时，可能大脑一片空白，感到非常焦虑。解决这一问题的方法并不是只有一种，此处列举一些被证实非常有效的方案，希望你能从中找到适合自己的方法。

为什么这点至关重要

了解哪种方法最适合自己，可以让你：

- 以最舒适的方式准备演讲；
- 用灵活多样的方法准备演讲，应对不同演讲的不同需求；
- 充分利用准备演讲和演练的时间；
- 记住你要说的所有内容；
- 临场时有最好的发挥。

准备演讲内容对于蒂姆来说并不困难，困难的是在台上想起这些内容

演讲台绝不是你编造演讲内容的地方。

怎么做

针对不同的演讲，你可以选用不同的方法。从下列 3 种方法中选出最适合你的那个。

1. 写出演讲稿并记住

优点是：

- 你在台上所讲内容都是计划好的；
- 经过深思熟虑，你的语言会更加流畅准确；
- 演讲的内容你已经非常熟悉了，所以你只需要关注自己的临场表现；
- 你可以更好地控制演讲时间。

缺点是：

- 你需要花费大量时间和精力熟记讲稿。

> **Tip | 小诀窍**
> 录制讲稿的音频，然后回放，帮助你进行记忆。

你可以在下面这些情况下选择这种方法。

- 演讲"事关重大"，所有内容必须准确无误。
- 演讲内容不多，记忆并不困难。大部分演讲者可以记住时长 15 分钟的演讲内容。

- 本能告诉你只有使用这种方法你才会觉得舒服。

2. 列出演讲的要点，然后写出并记住演讲中的重要句子

优点是：

- 相较于记忆全部演讲内容，这种方法更省时间；
- 你可以确保自己记住了关键信息。
- 你依旧对内容做了较充分的准备。

缺点是：

- 记忆关键句子仍需要一定的时间。

你可以在下面这些情况下选择这种方法。

- 没有足够的时间记忆全部演讲内容。
- 演讲不需要全程使用准确的措辞。
- 关键句子需要一字不差，以发挥最大效力。

3. 只列演讲的要点

使用这种方法时，你只需要列出演讲要点，以此总领演讲内容。

优点是：

- 你可以针对每个要点自由发挥；
- 相较于记忆全部演讲内容，这种方法更省时间；
- 可以避免逐字逐句回忆讲稿带来的焦虑；
- 如果练习充分，你可以自然而然地记住演讲内容。

克里斯·安德森在《演讲的力量》一书中举了玛丽·罗奇（Mary Roach）的例子。罗奇的演讲没有讲稿，只有手卡，她说："不断地重复练习，会让你在无意识间记住演讲内容。"但没有讲稿的缺点是：

- 事后你会发现演讲中许多措辞可以优化；
- 仅列出演讲要点，缺乏演讲的具体细节，你可能会忘记某些演讲内容；

你可以在下面这些情况下选择这种方法。

- 记忆全部讲稿不切实际或者没有必要。
- 不记忆全部讲稿会让你感到更加舒服自如。
- 除非是"事关重大"的演讲，通常情况下只列重点的方法足以应付演讲。
- 对于同事间的例会或者与潜在客户之间的会议这样不算特别重要的会议，可以采用这一方法。
- 如果演讲"事关重大"，但你会反复练习，那么你也可以采用这一方法。

如果我忘记了接下来该说什么，怎么办？

记住：

- 很多演讲者都遇到过这样的情况，不要如临大敌；
- 短暂的沉默并无大碍；
- 听众其实也不知道你接下来要说什么。

如果你害怕出现大脑一片空白的情况，最好不要逐字记忆讲稿。把要点写在提词手卡上，放在身边。当你知道有手卡可以看时，你紧张、焦虑的情绪会得到缓解。

如果真的忘词，准备好应对措施，你可以深呼吸，也可以喝口水。如果依旧想不起接下来的内容，你可以看看提词手卡，然后继续演讲。

当你找到最适合自己的方法后，一切都会变得很容易。

> **轮到你了**
>
> 尝试做下面这个小练习来提升你记住讲稿的能力。
>
> (1) 写下你为了避免忘词而采取的措施。
>
> (2) 思考哪些方法行之有效，哪些方法效果不佳。
>
> (3) 写出下次演讲时你需要改变的三点。

> **深度学习资源**
>
> 《演讲的力量：如何让公众表达变成影响力》，克里斯·安德森，2018.
>
> 该书第十一章"演讲稿：背诵还是不背"从实战出发，指导读者如何记忆演讲内容。该章还介绍了许多例子，讲述 TED 演讲中的演讲者如何记忆演讲内容。

秘诀 32

在脑海中预演演讲并发现问题

在我的 TEDxHull 演讲中，最开始，我想在每个座位下放置袋装的画笔。然而，当我习惯性地在脑海中对演讲进行预演时，我忽然意识到听众不可能迅速且安静地打开画笔的包装，以这样的方式开始演讲不仅会导致场面混乱不堪，还会耽误时间。为了让听众更迅速地取出画笔，我把画笔放在敞口的包装里。这一做法的实际效果非常好，听众很快拿到了画笔。在脑海中进行的预演帮助我预见了演讲中的问题，并且想到了解决办法。

桑德拉想象到麦克风坏掉的画面，所以她提前做好了准备

你需要想象一下哪些环节会出问题。

为什么这点至关重要

演讲的各个部分都很重要，在脑海中对演讲进行预演可以让你实现以下目的：

- 在准备演讲的每个阶段都能检查自己的演讲；
- 想象演讲中的点子能否起作用；
- 感受演讲将如何展开；
- 留意到可能产生问题的环节；
- 考虑如何解决遇到的问题；
- 对演讲中的想法进行取舍，并引入更好的内容；
- 在对细节了如指掌之后，自信心会增强。

怎么做

《实验社会心理学杂志》2011年7月刊刊载了希瑟·卡佩斯（Heather Kappes）和加布里埃莱·奥廷根（Gabriele Oettingen）的文章，文中推荐了"关键性可视化"（critical visualisation）这一概念。"关键性可视化"指的是去想象可能遇到的障碍和可能出错的环节。当我们在脑海中想象这些障碍的时候，克服它们的动力也随之产生；当我们在想象中克服了这些问题时，我们会更加自信，从而相信现实中我们也会更成功。

按照以下步骤，在脑海中进行预演，寻找演讲中的问题。

1. 尽可能收集有关演讲的所有信息

- 演讲会场的布局
- 听众就座的方式
- 仪器设备的排布
- 你所站的位置
- 可能遇到的问题

2. 找一个安静的地方，想象你在演讲现场

- 闭上眼睛，效果更好。
- 在想象中用自己的双眼去发现细节问题。
- 让脑海中对于现场的想象尽可能真实。
- 注意你想象中听到的声音。
- 你在演讲现场感觉如何？
- 通过想象现场情况，你还得到了什么信息？

> **Tip 小诀窍**
>
> 你预演时越投入，你能收获的信息就越多。

3. 为你的演讲做预演

- 开始在脑海中预演你的演讲。
- "望向"你的听众。

在你预演时，实时关注以下问题。

- 哪些部分进展顺利？
- 哪些部分感觉很棒？
- 哪些部分感觉吃力？
- 哪些部分仍有欠缺？
- 遇到问题的时候，留意你是如何处理的。

4. 预演结束之后，写出你得到的信息

- 总结哪些部分进展顺利。
- 总结哪些部分遇到了问题或者可能出现问题。
- 总结你应对问题的方法是否妥当。
- 总结你对哪些部分失去了控制。
- 对于业已发现的问题，你将如何解决。

在脑海中反复预演，发现并解决更多可能出现的问题。

> **轮到你了**
> (1) 针对下一场演讲，采用上述 4 个步骤在脑海中进行预演。
> (2) 想象可能遇到的任何问题以及相应的处理方法。
> (3) 预演完毕后记录有待解决问题。

秘诀 33

演练！演练！再演练！

人们往往觉得演讲要先准备周全，然后再进行演练，这似乎更加合理。但是，在实际操作中，这绝非金科玉律。通过观察成功的演讲者及他们的做法，我们可以发现，演练通常分为两种。

第一种演练可以称作"创作演练"，即演练过程中，你依旧在准备演讲内容。这种演练其实是准备演讲的重要一环，然而人们往往忽视了这一方法。

第二种演练是人们常识中的演练，可以称作"打磨演练"，即在演练过程中，你对准备好的演讲内容进行打磨。

为什么这点至关重要

掌握这两种演练方式可以帮助你决定采用哪种方式进行演讲演练。你必须针对自身情况选择正确的演练方式，主要有以下几个原因。

- 演讲者各不相同，对他人有效的演练方式可能对你并不适用；
- 选择正确的演练方式可以充分利用你的演讲准备时间；

- 选择正确的演练方式可以让你在演讲当天更加自如、更加自信；
- 选择正确的演练方式你在演讲时拿出最佳表现的可能性更高。

肯喜欢用"脱口而出"的方式来准备演讲，
当他回听录音的时候，总能发现演讲的亮点

怎么做

仔细阅读下面针对每种演练的建议，选择适合你的演练方式。

1. 创作演练

在《演讲的力量》一书中，克里斯·安德森举了克莱·舍基（Clay Shirky）的例子。他在 TED 演讲的办公室里进行演讲，没有文字稿，他通过不断演练做好了这次演讲的准备工作。

舍基表示："我通过演讲来准备演讲。"在开始阶段，他"与其说是演练，不如说是在不断编辑"。即使在演讲内容已经准备完毕的情况下，他也不会写出讲稿，只会记一些笔记。

下面是我对使用这种演练方法的一些建议。

（1）写出你演讲中的要点

- 把笔记写在卡片上。
- 把要点写在活动挂图上。
- 把笔记写在便利贴上，然后贴在墙上。

（2）保持站立姿势，加入手势动作

- 保持良好的站姿，让自己进入演讲状态。
- 运用手势动作可以避免忘词。

（3）抓住亮点

- 让你的朋友或者同事来帮你记笔记。
- 当你有妙语佳句的时候，停下来，将这些佳句记录下来。
- 录制视频或者音频。

（4）在下一次练习之前回顾并改进

- 记下演讲中哪些方法效果良好，哪些方法效果不佳。
- 调整内容或结构，对两者进行优化。
- 修改你的笔记或者讲稿。

> **Tip 小诀窍**
>
> 专注于演练和完善自己最没有把握的部分。

演讲内容准备妥当之后，按照如下步骤开始打磨演练。

2. 打磨演练

对于写出讲稿的演讲，演练帮助你逐字记忆演讲内容；而对于只列出演讲要点的演讲，演练可以帮你找到最适合的措辞。

（1）更多地关注不熟悉的部分

美国爵士钢琴家、作曲家、作家肯尼·维尔纳（Kenny Werner）建议，在学习音乐的时候，不要把有难度的部分看作"困难的部分"，而要看作"不熟悉的部分"。抱着积极的心态去学习，随着你对这些内容不断熟悉，它们会变得不再那么困难。

（2）牢记开场白和结束语

即使没有演讲稿，你还是要提前确定开场白和结束语，这样会让你在演讲开始和结尾时充满信心。

（3）熟悉各个部分之间的过渡部分

这样做可以帮助你想起接下来的内容。

（4）提升演讲的可行性

如果可能，尽量使用与演讲现场相同的设备与布置，并请几个人来当听众。

（5）收集反馈意见

不要依赖自己的一家之言。参考秘诀34，了解如何收集反馈意见。

熟练掌握就是演奏你需要表演的乐曲……任何时间……不假思索。

——肯尼·维尔纳，《轻松掌握》(*Effortless Mastery*)

充分演练可以让你的现场表现轻松自如。

> **Try | 轮到你了**
>
> 尝试进行下述小练习，养成创作演练的习惯。
>
> （1）挑出演讲中你尚未准备妥当的一小部分。
>
> （2）写出重点内容提示。
>
> （3）准备视频或音频录制设备，比如智能手机。
>
> （4）按照写出的重点内容提示开始演讲。
>
> （5）回放录音或者录像，将好的表述记录下来。
>
> （6）把记录下来的表述融入你的讲稿或笔记之中。

> **More | 深度学习资源**
>
> 《演讲的力量：如何让公众表达变成影响力》，克里斯·安德森，2018.
>
> 该书第十二章"串词：等等，我需要排练吗"介绍了TED演讲中的演讲者在演练方面的经验。

秘诀 34

寻求"试听者"的反馈

我们眼中的自己和别人眼中的我们永远不同。如果仅仅依靠自己的想法来准备和评判你的演讲或演说，那你的演讲势必会缺失重要内容。好的反馈价值千金，它们可以帮助你极大地改善自己的演讲效果。

为什么这点至关重要

反馈意见可以让你：

- 从不同的角度审视自己的演讲；
- 收获你从未想到的观点和看法；
- 知道演讲的哪些部分效果好；
- 发现演讲的哪些部分效果不佳；
- 发现改善演讲的方法。

我们都需要别人给予反馈意见，帮助我们进步。

——比尔·盖茨

怎么做

1. 从 4 个方面收集反馈意见

- 内容——信息是否清晰明确？
- 结构——演讲的顺序和流程是否合理？
- 视觉辅助手段——你的幻灯片能否发挥作用？
- 演讲风格——你能否展现足够的能量？你的语音语调和肢体语言是否到位？

即便是只言片语的反馈意见，也能帮助你改进演讲。

贝丽尔的练习可行性强，她的"试听者"们急不可待地行动了起来

2. 决定向谁征求反馈意见

向普通人和专家征求意见。显然，专家的意见极有价值，但是，那些对你个人及演讲主题不熟悉的人的意见也非常重要。

在《演讲的力量》一书中，克里斯·安德森分享了演讲人雷切尔·博茨曼（Rachel Botsman）的经验。她认为演练时只请了解她或了解她的工作的人来当听众是错误的。在她看来，如果有人"能指出你演讲当中问题出在哪里"，那么他们提供的才是最好的反馈意见。

要面对对你的工作一无所知的人排练。

——雷切尔·博茨曼，牛津大学讲师、作家、TED 演讲演讲者

同时，向单个听众以及群体听众征求反馈意见也是有效的，因为单个听众可以给予你具有深度的反馈；而一定数量的听众可以模拟现场，能够给予你不同的反馈意见。

3. 在各个关键阶段征求反馈意见

- 早期，指的是你仍在准备演讲内容并且演讲的内容都没有完全确定的时候。在此阶段，你需要主要征求关于演讲内容和演讲结构的反馈意见。
- 中期，指的是你仍可以对演讲内容进行调整的时候。

此时，演讲的内容和结构已经建构完毕，但你仍有时间做出修改。

这一阶段，你应该针对四个方面征求反馈意见：内容、结构、视觉辅助手段和演讲风格。

- 临近演讲时的演练

临近演讲时，演练的已经是完整的演讲了，此时并不适合再接受针对演讲主体的反馈意见，除非确实有重大错误，否则你只需要重写演讲的部分内容。此阶段你需要做的是些许微小的调整。

在此阶段，你主要征求针对演讲风格的反馈意见，当然也要对内容、结构以及视觉辅助手段方面的意见持开放态度。

- 在演讲之后

如果要反复进行同样的演讲，那么这个阶段的反馈意见非常重要。

4. 收集口头和书面的反馈意见

如果可能，尽可能多地收集口头和书面的反馈意见，以最大限度地获取改进演讲的机会。

5. 收集两种类型的反馈意见

请听众从两个方面着手提出反馈意见。

- 演讲哪些部分效果较好？

- 我应该做出哪些改进？

> **Tip 小诀窍**
>
> 请听众尽量具体地给予反馈意见。

我们都喜欢听到他人的称赞，比如称赞演讲棒极了。但是，这样的称赞太过笼统，并没有说明演讲哪些部分非常出色，所以这类评价很难提供帮助。相反，应该请听众具体说明，比如，说明他们听到或者看到的内容。

6. 收集反馈意见的注意事项

- 虚心倾听——不要辩驳，对意见持开放态度。
- 理解清晰——通过向听众提问或者要求听众举例，彻底理解反馈意见。
- 观点比较——比较别人对演讲的看法与你自己的看法是否相同。
- 心态积极——明确收集反馈意见的目的是帮助自己进步。
- 表示感谢——对测试对象表示诚挚的感谢，要给出反馈意见绝非易事。
- 做出选择——你可能会按照反馈意见对演讲做出修改，也可能维持原样。

> **Try 轮到你了**
>
> 通过记录以下内容，你可以提升演讲技巧，改进某次演讲。
>
> （1）你最希望得到的反馈意见是什么？
> （2）最好向谁征求反馈意见？
> （3）何时向他们征求意见？

> **More 深度学习资源**
>
> 参考本书附录部分的内容。
>
> （1）《演讲评价指南——该如何评价演讲》。这是为你的听众准备的指南，你可能需要复印这份指南，发给听众，每人一份。
>
> （2）《听众反馈表》。这是一个可供参考的模板，你可以修改或者重制，然后分发给听众，供他们提出书面反馈意见。

开始演讲 | **3** PART

第六章

该说什么，该怎么说

秘诀 35

确保你的演讲内容、声音、肢体语言传递的信息是一致的

不知你是否留意过，人们有时虽然说了"是"，听起来却像在说"不"。你可能有过这样的经历：你在跟别人聊天，虽然对方声称自己在用心听你讲话，但是他们似乎对你身后或者窗外的事情更感兴趣。在这样的情况下，我们接收到的信息与真实情况是相互矛盾的。

为什么这点至关重要

沟通交流涉及三个要素：
- 语言；
- 声音，比如音调、音高、语速或音量；
- 肢体语言，比如手势、面部表情和身体姿势。

有效的沟通必须同时具备这三个要素。

——艾玛·莱登

上述三个要素一旦有一个缺失，传递的信息就会模棱两可。

当我们认为对方传达的信息含糊不清时，我们倾向于借助声音和肢体语言理解对方的意思。这意味着我们从声音和肢体语言中获取的实际信息比从语言中获取的还要多，因为有了声音和肢体语言，我们会试着理解人们说话的真实意思以及他们内心的真实感受。当对方嘴上说"我在听呢，继续说……"实际却在看自己的手机，显然你会认为传达真实意思的是他们的行为而非他们的语言。

"今天能在这里见到大家，我很兴奋……"

怎么做

确保你的语言、声音和肢体语言表意统一。只有演讲者的语言、声音、肢体语言传达的信息保持一致，才能获得听众的信任。

你可以采取以下方式来向听众传递清楚的信息。

1. 谨慎措辞

演讲中的遣词造句要准确，不同的表述会使听众产生不同的感受，听众对信息的接受程度也会不同。下面几种相似的表达在表意上略有不同:"大家觉得这个想法如何""我建议……""我推荐……"或"你可能会喜欢这个有益的提示……"秘诀 36 会介绍表意措辞的方法。

2. 用声音准确传递信息

即便只关注语言和声音,我们仍能发现表意的变化,比如声音、语气和重读的变化会影响信息的表达。

同一句话重读的内容不同,句子的意思就会不同。

读出下列句子,注意其中加点的部分,体会意思的变化。

- 我从来没有说过他偷了那钱。
- 我从来没有说过他偷了那钱。
- 我从来没有说过他偷了那钱。
- 我从来没有说过他偷了那钱。
- 我从来没有说过他偷了那钱。
- 我从来没有说过他偷了那钱。
- 我从来没有说过他偷了那钱。

因此,必须以正确的方式准确传递你想表达的信息。演讲者必须在演讲中适时地注入能量、激情,否则听众接收信息的强度会被削弱。对于把控自己声音的方法,请参照秘诀 39、秘诀 40 和秘诀 41。

3. 用肢体语言支撑你的信息

不同的演讲者在做演讲的时候可能说出一样的话,但善用肢体语言的演讲者在传递信息方面更胜一筹。

肢体语言必须同语言和声音保持一致。比如,当你的语言表达的是肯定的意思，那么你的语气要笃定，表情要严肃，身体则要笔直挺拔。

关于如何使用肢体语言，请阅读秘诀46、秘诀47、秘诀48、秘诀49和秘诀50。

不要考虑太多。你需要关注声音和肢体语言，但记住，你要做自己，而不是做个机器人。

Tip | 小诀窍

对演讲进行演练，请听众评价你的语言、声音和肢体语言表意是否统一。

Try | 轮到你了

增强你对语言、声音和肢体语言的敏感度，在会议或聚会中：

(1) 观察人们的情感如何通过肢体语言流露出来；

(2) 寻找语言、声音和肢体语言的突然变化；

(3) 注意语调是如何传达感情的；

(4) 判断人们的声音和肢体语言与他们的语言表意是否一致。

More | 深度学习资源

《身体语言密码》(*The Definitive Book of Body Language: How to Read Others' Attitudes by Their Gestures*)，艾伦·皮斯（Allan Pease），芭芭拉·皮斯（Barbara Pease），2017.

该书详细介绍了如何使用肢体语言进行各种沟通。

第六章 该说什么，该怎么说

秘诀 36

如何做到言简意赅，让听众迅速明白你的意思

使用佶屈聱牙的语言并不困难，人们有时甚至会刻意掉书袋，使用晦涩难懂的文字。大卫·奥本海默（David Oppenheimer）做过相关研究，"在一项研究110名斯坦福大学本科生写作习惯的调查中，受访的大部分学生承认，为了表现得更聪明，他们会刻意在写作时使用更复杂的词汇和手法。"但是使用复杂难懂的语言能否达到预期效果呢？

为什么这点至关重要

大多数演讲者希望听众能非常轻松地理解自己的演讲，同时对演讲的措辞感到满意。

相关研究结果如何？

前文提到了奥本海默对110位斯坦福大学学生写作习惯进行的研究，其结果表明，这样的写作策略往往适得其反。

奥本海默在斯坦福大学进行了实验，研究通俗易懂的书面语与晦涩复杂的书面语的表意效果有何不同。结果表明，复杂的词汇给文章的阅读设置了许多障碍，反而使读者觉得作者能力有限，并不睿智。

所以，书面语言要尽量简洁易懂。

那么口头语言呢？

对于口头语言，专家也建议尽量简单。我曾经看到过专业的电台主持人为一位高级经理修改讲稿，他删掉了所有晦涩难懂的"大话"，代之以简单的词汇。

这样修改后的演讲稿使听众更容易理解。

简单的语言更易于理解，更能彰显你的聪慧。

怎么做

在准备演讲稿、幻灯片和讲义的时候，记住下面 5 件事。

1. 用词简短

除非较长的表述能更好地阐述问题。

德雷克唾沫横飞，但是没有人知道他到底在说什么

2. 使用短句

当我们听或读长句子时，随着句子的推进，我们在脑海中保留的信息会越来越多。在演讲中，你选用的句子要尽量简明扼要，避免给听众造成麻烦。

亚当·弗兰克尔（Adam Frankel）是贝拉克·奥巴马（Barack Obama）的演讲撰稿人。他说，准备演讲时，我们应该像说话一样写作。他建议我们避免使用拗口复杂的表述，因为这会让你结巴、口误。

在你写讲稿的时候，大声读出来。熟练以后，即使在打字时，你都可以听到文字在你的耳边回响。

——亚当·弗兰克尔，奥巴马演讲撰稿人

3. 使用主动句

主动句就是主语是句中动作的发出者的句子。主动句与被动句不同，被动句中，句子的主语是句中谓语动作的接受者。

明白了吗？可能你还不是很清楚，让我们来看看下面这个例子。

不要使用被动句，比如"销售计划被大卫写出来了"。使用主动句，即"大卫写出了销售计划"。我们需要把主语（在本例中是"大卫"）放在句子的开头。

4. 删去多余的表述

删去没有实际意义的表述，比如将"玛丽对市场趋势进行了研究"改为"玛丽研究了市场趋势"。

- 如果你手头有写好的讲稿，通读全稿，删去多余的表述。

5. 避免使用专业词汇，使用人人理解的词语

听别人演讲时，一些词汇或表述可能让你一头雾水，比如"时髦化"（fashionise），"财务足迹"（financial footprint），"把它挂在旗杆上"（run it up the flagpole），"利用我们的品牌"（leverage our brand），"零循环"（zero cycles）……这样的专业词汇不胜枚举，这样的表述经常拒听众于千里之外，有时甚至会让听众恼火不已。

你的表述必须是所有听众都能接受、能理解的表述，这意味着你必须尽量避免使用专业词汇。如果你需要使用专业术语，那么务必进行解释。

如果你的听众是该领域的专家，那么情况则大不相同，因为你的听众可以毫不费力地理解所有术语。

> **Try | 轮到你了**
>
> （1）写出可以代替下列词组的更简单的表述：
>
> · 付诸实践 _____
>
> · 随之而来 _____
>
> · 竭尽全力 _____
>
> · 相差无几 _____
>
> · 公之于众 _____
>
> （2）挑选一篇你写的文章，尝试用简单的词汇或表述替代复杂的词汇或表述。

> **More | 深度学习资源**
>
> 《如何写出容易阅读的文章：10节课重新训练你的大脑，让你笔下的文章简单明了》（*How to Write an Easy Read: Retrain Your Brain to Write Simply and Clearly With These 10 Lessons*）莱内特·克拉克（Lynette Clarke），2016.

秘诀 37

使用问句和听众互动，让他们聚精会神

不知你是否遇到过这样的情况，你自认为演讲主题非常有趣，但听众依旧面露难色。有什么办法能够调动听众的积极性，让他们全身心投入呢？事实上，提问就是一计良策。

为什么这点至关重要

1. 你不可能操纵听众的兴趣

许多商务演讲是强制性的,听众是被迫参加的,所以,即使听众只有些许兴趣,演讲者也需要继续维护。

2. 你可以在听众心底埋下期望的种子

当过山车在陡峭的斜坡轨道缓缓爬升时,乘客对即将面对的急速下降的期待不断累积。你可以用提问的方式增加听众对演讲内容的期待。

3. 好奇心能吸引听众了解更多内容

当你开始做某事却不让别人知道事情的结局时,你就制造了一个悬念。你是否因为错过了某部电影的结局而懊悔不已?你之所以懊悔是因为你对电影的结局依然抱有好奇心。当你知道了电影结局的时候,悬念就得以解开。

帕梅拉总能用问句引起听众的兴趣

好奇心对人们学习能力的影响超乎你的想象。

加利福尼亚大学的研究者研究发现，当我们对某个话题感到好奇时，我们很容易记住它。

也许更令人惊讶的是，研究人员发现，当参与者处于好奇状态时，他们甚至可以回忆起与所关注话题无关的信息。

马赛厄亚斯·格鲁伯（Matthias Gruber）是该研究的主持者之一，他写道："好奇心可能会促使大脑进入一种特殊状态，使大脑能够学习和记忆任何类型的信息，这时你的大脑就好像一个旋涡，能够吸收一切你感兴趣的内容，甚至包括与之相关的一切。"

对某件事的好奇心能帮助人们记住其他事情。

怎么做

1. 巧用提问，引起听众好奇心

演讲中的提问并不需要回答，但是能唤起听众的思考。下面两个例子都是在演讲中提问的实例。

- "伟大的领导如何激励行动"（How great leaders inspire action），西蒙·斯涅克（Simon Sinek），TEDxPuget Sound，2009.

他的开场白是这样的。

当事情的发展出乎你的意料时，你将如何解释？换句话说，当他人的成功出乎意料，似乎违背常理，你该如何解释？例如，为什么苹果公司具有如此强大的创新力？

这一连串的提问让他在进入正题介绍自己的研究之前先让听众产生了强烈的期望。

- "幸福是什么？一个有关幸福的超长研究告诉你答案"（*What makes a good life? Lessons from the longest study on happiness*），罗伯特·瓦尔丁格（Robert Waldinger）TEDxBeaconStreet 演讲，2015.

他的开场白是这样的。

在一生中，什么让我们开心？什么让我们健康？如果你想为了未来最好的自己而投资当下，你会把你宝贵的时间和精力投入何处？

随后，他又花了两分钟来引起听众的好奇心，最后，他用两个问句总结了他的开场白："但是，如果能毫无遗漏地纵览人生，结果如何？如果可以观察人类的一生，从他还是青涩少年开始，直到他垂垂老矣结束，观察到底是什么让人类快乐、健康，结果又会如何？"

到了这个时候，他完全抓住了听众的注意力，听众极其迫切地想知道接下来会发生什么。

2. 巧妙设计开场白

- "你是否考虑过……"
- "不知你是否经历过……"
- "如果我们能……那简直棒极了。"
- "为什么每次……"
- "不知道大家是否与我有过相同的经历……"
- "你是否留意过……"
- "不知道是不是只有我……"
- "不知道你是否体验过……"

- "……难道不好吗？"
- "为什么人们会……"

在演讲开始和主体部分使用问句。

> **轮到你了**
> （1）以你经常进行的演讲或者即将进行的演讲为例。
> （2）写出 6 个问句，激发听众的好奇心。
> （3）选择其中最好的几个，将其融入你的演讲开场白。

秘诀 38

重复关键信息，让听众牢牢记住

如果你想实现预期的演讲效果，显然就需要听众记住演讲中最重要的信息。重复是最好的方法之一。

为什么这点至关重要

重复非常重要，这是因为：

- 重复可以明确哪些是重要内容；
- 听众会熟悉重复的信息；
- 研究表明，人们更倾向于接受或相信自己熟悉的观点；
- 当人们接受并相信你的观点时，他们采取行动的概率会大幅提高。

玛丽认为重复信息会对演讲有所帮助，但她的团队似乎对此感到疑惑

重复是对记忆最有影响力的变量之一。

——道格拉斯·L. 亨茨曼（Douglas L. Hintzman），相关实验论文刊载于《认知与动机心理学》（Psychology of Learning and Motivation）第 10 卷，1976.

怎么做

1. 确定值得重复的内容

为了实现演讲的目的，听众需要记住哪些内容？通常情况下，听众需要记住的是你的核心信息或 3 个关键观点。

> **小诀窍**
> 重复你希望听众能够"带走"的最重要的信息。

2. 推敲重复部分的措辞

写下你希望听众记住的内容。对于这部分内容，悉心遣词造句，这样可以提高听众牢记它们的概率。一定要对最初的措辞进行修改、推敲。

措辞应悦耳易记、简洁明了。

有很多广告语令人印象深刻，其中很多值得我们学习，比如耐克的口号"我只选择它"（Just do it）。

在一次关于形象的研讨会上，高级演讲教练简·达西（Jane DArcy）用简单易记的一句话总结了自己的想法，她多次重复了这句话："影响力所及，吸引力所至。"

你可以重复特定的字词或者用相同的字词，比如："这需要合适的人员、合适的产品、合适的流程。"

3. 在合适的时机重复，力求将影响力最大化

下面举一些实践中的例子。

- 在开头、中间和结尾重复重要信息

这样做效果非常好，因为人们更容易记住演讲的开头和结尾部分。在中间部分进行重复，凸显了重复的信息，让它们始终占据重要地位。

- 在关键部分重复重要信息

这个例子来自英国首相温斯顿·丘吉尔（Winston Churchill）。1940 年 6 月，他在下议院发表演讲，在演讲的尾声，他多次重复"我们将……"这让演讲结尾气势磅礴，振奋人心。这次演讲的内容如下，在阅读时，注意"我们将……"的重复使用是如何传递出丘吉尔对达成目标抱有坚定不移的信念的。

"……我们将不惜一切代价保卫本土。我们将在海滩作战，我们将在敌人的登陆点作战，我们将在田野和街头作战，我们将在山区作战。我们绝不投降……"

- 让关键信息贯穿演讲始终

每一次演讲都会有许多关键时刻，适合你重申自己的观点。比如，在你举出例子或者例证之后，便是重复自己观点的绝佳时机。在这个时间节点上重复你的

信息或观点，不仅能使演讲逻辑完整，更能增加感染力。

当你重复并且强调某个观点，听众脑海中与你相反或者向左的观点会相对削弱，有时你甚至可以完全说服听众。

——简·达西，高级演讲教练

4. 保持表达方式不变

在重复关键信息时，使用同样的语调或者重读方式。你声音中蕴含的"旋律"会让听众像记住一首歌曲一样记住你重复的信息。你甚至可以听到听众在你开口之前就说出了你要重复的重要信息。

5. 将信息加入视觉辅助手段中，增加黏度

演讲者需要在听众听到的内容和看到的内容之间建立联系，而且这个联系必须令人难忘。比尔·盖茨在一次 TED 演讲上将"急需：能源奇迹"这一表述放入幻灯片中，背景选择了天空的动态图。

不要过度重复重要信息，这么做容易使听众反感。你要把握分寸，增加信息对听众的吸引力。

Try | 轮到你了

针对现有的或者下一次演讲做以下事：

（1）写下值得听众记住的最重要的信息；

（2）考虑哪种视觉辅助手段可以增强演讲效果；

（3）制作幻灯片，为重要信息选择合适的图片。

More | 深度学习资源

《我有一个梦想》，马丁·路德·金（Martin Luther King Jr）

秘诀 39

7招让你的声音悦耳动听

如果演讲者的声音悦耳动听，那么演讲显然会更具趣味性，但是许多演讲者并不清楚如何做到这一点。我们能否改变我们演讲的方式呢？有几个妙招能帮你优化演讲的方式并提升感染力。

为什么这点至关重要

如果你的声音不足以打动听众，作为演讲者，这可能导致一系列问题，比如听众会要求你重复你说过的内容或者要求你提高嗓门，这会让场面非常尴尬，也会影响听众对你的印象。如果你的声音中气不足，你讲的内容的可信度会大打折扣，而悦耳响亮的声音能提升你的可信度。

科林刚刚参加了声音训练课程，团队马上就感受到了他的学习效果

怎么做

除了改变节奏、停顿这些技巧（参照秘诀 40），下面的妙招可以提升你声音的感染力。

1. 测试音量

根据房间的大小确定你讲话的音量。将你的声音传到房间的最后，你很快会知道应该用多大的音量讲话。你的音量应该足够大，让听众能够舒服而清晰地听到，你的音量要让听众既不需要竖起耳朵就能听到，也不会感到你在刻意提高嗓门。

2. 口齿清楚

演讲时切忌偷懒，将几个字模糊不清地连在一起说。说话不必着急。如果你飞快地说了几个字或词，人们经常会漏掉你说的部分内容。

3. 语调起伏

我们都知道，单调的声音会让人感到乏味。你需要用不同的语调让你的声音有起伏变化。当你充满激情地说话时，你的语调也会自然而然地变化。

4. 强调重点

重读强调某个特定的字词，会让你的表意更清晰。改变强调的重点会改变演讲的意思，试对比"我们必须在这个非常重要的项目中支持德雷克，这事关重大"与"我们必须在这个非常重要的项目中支持德雷克，这事关重大"。

通读你的演讲稿，标记出需要重读强调的部分。

5. 避免在句尾处提升音调

在句尾处提升音调会削弱你的权威性。如果你本身声调较高，又在句子结尾提高音调，这会显得你情绪紧张，甚至会让听众觉得你有些孩子气。

> **小诀窍**
>
> 用停顿代替"嗯"和其他赘词。

6. 在句尾降调，显示重要性

这样的处理方式可以增加演讲的可信度，但是，如果过度使用这一招，会让演讲有一丝挑衅的意味，所以，在表达严肃、重要的观点时再用这招。

7. 呼吸要深

浅呼吸没法帮助你展现自己的声音，还会滋生紧张情绪。你应该尽量深呼吸，好像空气在一路向下，进入你的胃部，这种呼吸方法叫作"横膈膜呼吸法"（diaphragm breathing）。当你吸气的时候，你可以感觉到你的胃部好像在向外运动，保持呼吸道畅通无阻，这样可以增大共鸣效果，而这种共鸣正是浑厚声音最深层次也是最鲜明的特点。

> **轮到你了**
>
> 下面的练习可以提升你的演讲技巧。你可以单独练习，也可以找人听你演讲，然后请他们给出反馈意见。
>
> （1）在报纸或杂志上找篇短文章。
>
> （2）用1分钟的时间大声朗读文章，并录制音频。
>
> （3）播放自己的朗读音频并回顾总结，判断自己哪些地方读得较好，而哪些地方需要改进。
>
> （4）再次朗读，将你在秘诀39中学到的内容付诸实践。注意第二次朗读时你的改进。
>
> （5）之后朗读另外一篇文章，继续锻炼你在演讲声音方面的技巧。

秘诀 40

抓住听众的注意力，传递重要信息

听众不会记住你演讲的所有内容，但你该感到庆幸的是，成功的演讲并不需要听众记住演讲的所有内容。成功演讲的关键在于听众是否记住了演讲中的重要信息，所以，你需要知道如何增强感染力，让自己演讲中的重要信息在听众脑海中"落地生根"。

为什么这点至关重要

- 只有当你的重要观点听起来像重要信息时，你的听众才会重视。
- 如果传递重要信息的方式出了问题，信息的重要性会大打折扣。
- 如果演讲的感染力或者冲击力不足，你的重要信息会淹没于后续的细节之中。
- 当你能让重要信息在听众脑海中顺利"落地生根"时，听众按你的意图行动起来的可能性也会大大增加。
- 当听众理解了演讲中的重要信息，你希望演讲能够带来的改变也会随之实现。

罗伯特眉毛一抬，听众们就知道他要说重要信息了

怎么做

要让听众感觉到接下来的内容非常重要，然后用与内容重要性相匹配的方式将演讲内容表达出来。

你可以学会接下来这几招。

1. 面向听众，做目光交流

如果你的目光在关注其他地方，比如屏幕或者你的笔记，这是错误的，要确保你在传递重要信息之前转向听众。把目光投向听众，争取与他们面对面，这样你才能抓住他们的注意力。

2. 保持直立站姿

在你传递重要信息之前，出于各种原因，你的站姿可能不够挺拔，那么在传递重要信息时，你一定要挺直腰板，调整为良好的站姿。秘诀 46 中推荐了自信、坚定的站姿。

> **Tip 小诀窍**
>
> 在提出严肃的观点之前,一定要让自己的言行举止与之相匹配。

3. 做好铺垫

你可以在讲述重要信息前做好铺垫,充分调动听众的预期,逐步吸引他们的注意力,下面这段话就是一个典型的例子。

"去年,我们的市场占有率下降了,而今年的竞争比以往更加激烈。所以,如果我们继续从事这个行业,我们必须永远……把顾客当作上帝。"

4. 放慢节奏,不慌不忙

说重要信息时,一定要放慢节奏,从容不迫,增强信息的感染力。

5. 强调关键词

说到重要信息中的关键词时要进一步放慢语速,渲染其重要性。

讲述关键词时音调也要更低,因为你希望关键词听起来更加严肃。

想象一下,下面这句话中,如果强调的关键词是"永远",这个句子听起来如何。

"如果我们继续从事这个行业,我们必须永远把顾客当作上帝。"

要想强调关键词,最重要的手段是说出关键词的方式要不同于说出句子其他部分的方式。

6. 在重要信息前后停顿

你可以通过在关键信息前后停顿这样的方式把关键信息"标记"出来。在关键信息前后停顿也可以进一步提升重要信息的感染力。

缓慢说出下面的句子，注意句子中的停顿，感受这种表达的效果。

"如果我们继续从事这个行业，我们必须永远（停顿）把顾客当作上帝（停顿）。"

在关键信息之后停顿，可以帮助听众更透彻地理解关键信息。

7. 让听众在心里说出关键信息

在你多次说出关键信息之后，当你为再次说出关键信息做铺垫时，听众会猜到你要说什么。在你说出口之前停顿一下，观察听众的反应，他们心里是否留下了对关键信息的印象，甚至直接大声说出来了呢？这就是"呼喊与响应"（call and response）。

养成习惯，让听众的注意力聚焦在演讲的重要信息上。

Try | 轮到你了

（1）听新闻的时候，留意主播是如何强调新闻中的关键字词和关键表述的。

（2）在日常对话中，有意识地控制自己的声音，练习如何强调重要观点。

（3）通读你为下一次演讲准备的笔记，勾画出关键字词和关键表述，练习如何在演讲中强调这些内容，直到习惯为止。

秘诀 41

语速不宜过快，也不宜过慢

演讲的语速如何把控？实际上，问题并不在于语速本身，而在于你应该避免一成不变的节奏，那样演讲会显得异常单调。所以，你需要变换节奏。

为什么这点至关重要

1. 如果你语速太慢：

- 听众可能不耐烦，希望你赶快讲；
- 听众会觉得你不够睿智；
- 听众会觉得演讲比较乏味。

2. 如果你语速太快：

- 听众会觉得你非常紧张；
- 听众会觉得你好像很着急或者急迫；
- 听众来不及消化你的内容。

怎么做

研究表明，语速通常可以分为三档：

- 慢速：每分钟110词以下；
- 对话语速：每分钟120～150词；
- 快速：每分钟160词以上，最高不超过180词。

自从用上了赛车评论员的麦克风，现在杰夫 10 分钟就可以说完过去 1 小时的内容

新闻播音员的语速大约是每分钟 150 词，有声读物的语速与之相当。这种节奏便于听众消化听到的内容。

然而，这并不是演讲的语速。安德鲁·德鲁根（Andrew Dlugan）是一名演讲教练，同时也是公共演讲网站"六分钟"（Six Minutes）的创始人，他分析了 9 个广受欢迎的 TED 演讲，发现平均语速是每分钟 163 词，最少 133 词，最多 188 词。

发表在《人格与社会心理学》杂志上的文章表明，大家普遍认为语速更快的人可信度更高。此外，人们认为语速快的人知识更渊博，更值得信赖。①

但是，这一研究结果并不意味着你需要加快语速，你需要做的是谨防演讲中语速太慢。

长时间的"思考停顿"可以对演讲者的可信度造成致命伤害，如果在停顿时候还会发出"嗯"的声音，那就更糟糕了。

——西蒙·雷布尔德（Simon Raybould），《演讲天才》（*Presentation Genius*）

---

① Miller, Mauyama, Beaber, Valone. Speed of Speech and Persuasion[J]. *Journal of Personality and Social Pyschology*, 1976, 34(4).

约翰·F. 肯尼迪平时演讲语速偏快，但是在他著名的就职演说中，他把自己的语速降到了每分钟 97 词。马丁·路德·金在发表著名的演讲《我有一个梦想》时语速是每分钟约 98 词，在一次学术调查中，这个演讲位列 20 世纪最伟大的演讲第一位。

即便是语速很慢的优秀演讲者，也会有语速极快的时候；而语速极快的优秀演讲者，也会有语速较慢的时候。此外，他们演讲时都会停顿。

要想在演讲中吸引听众，你需要做到以下几点。

1. 你的语速要比你预想的更慢

得出这样的结论是因为作为演讲教练，我指导过的大部分学员都需要放慢自己的演讲语速，然而学员们并没有意识到自己的语速过快。如果你天生语速较快，那么放慢语速这一点更为适用。要想了解你是否需要减慢语速，完成"轮到你了"中的练习。

2. 把语速控制为"对话语速"

如果你不确定语速是否适当，那么请放慢语速。

——克里斯·安德森

克里斯·安德森认为，绝大部分的演讲并不是要感动、影响数十万人，所以在大部分情况下，不要将语速降低到马丁·路德·金的水平。

总的来说，你应该以自然的对话语速演讲。

——克里斯·安德森

3. 变化节奏

为了保持演讲的趣味性，慢速、对话语速和快速三种语速要结合使用。讲述严肃、重要的观点或者解释复杂的问题时，放慢语速，然后再加快语速以调动听众的兴奋感、紧迫感和激情，也可以通过讲幽默轶事来调整节奏。

4. 停顿

停顿可以将演讲的内容划分为更易于掌控的长度，停顿可以制造戏剧效果，可以让听众回味、理解刚才的演讲内容，更可以帮助你传递重要信息。

5. 不要强行大幅改变演讲节奏，节奏变化要适度

如果强行大幅改变演讲的整体节奏，后果就是演讲听起来会非常别扭，不自然。调整节奏一定要循序渐进。

6. 放慢语速以增强感染力和发声的共鸣

表述关键信息时放慢语速可以增加演讲的感染力。通过减缓语速，你既可以增加感染力，又可以保证发声的共鸣（发出浑厚有力的声音）。这种演讲效果是你在快速讲话的时候无法实现的。放慢语速，赋予演讲中的话语更深层次、更广泛的意义。

7. 如果你感觉自己讲得太快，深呼吸

有些演讲者说话速度太快，甚至不给自己喘息的机会，如此一来，听众也会觉得演讲匆匆忙忙。一个放慢语速的简单方法就是深呼吸。

Try | 轮到你了

(1) 录制自己讲话的音频，通过收听回放判断自己的语速。

(2) 下一次演讲时，就自己的语速征求听众的反馈意见。

(3) 最终确定自己的语速是否需要调整。

秘诀 42

架构和再架构的艺术

事无善恶，思想使然。

——莎士比亚，《哈姆雷特》

架构（framing）是指从某个角度呈现或解释某事物，这样人们可以从这个角度认识该事物。比如，客户投诉可以被"架构"为"好事儿"，因为客户投诉让商家能够继续学习和改进服务。

再架构（reframing）是指我们改变自己或者他人看待问题的观点和角度。比如，你可能会说，"我没有得到那份工作，真是太糟糕了"，但是你的朋友会帮助你"再架构"这件事情，他会说"显然这份工作并不适合你"。换一种方式思考或看待已经发生的事情，会让我们更加乐观、积极。

可以运用"架构"和"再架构"来影响听众看待事物的眼光和角度。

为什么这点至关重要

"架构"和"再架构"可以帮助你：

- 建立预期；
- 引导听众从特定的角度思考你的观点；
- 影响听众的心态，使其处于你希望的状态；
- 降低听众对你观点的抵触；
- 将听众的关注点从消极方面转换到积极方面。

科林试图展现目前情况积极的一面，但是他需要想办法让团队信服

怎么做

1. 架构

你可以在演讲的开始部分设置架构，也可以在演讲过程中设置。下面是设置架构的表述，以及这些表述可以达到的效果。

- "本演讲是一个概述。"

让听众不要对细节有期待。

- "我并不知道所有问题的答案。"

这意味着即便你无法回答个别问题，听众也不会失望。

- "你会了解哪种技术对你的工作最有帮助。"

对你的演讲进行架构，你不是要告诉听众做什么，而是要为他们提供选择。

> **小诀窍**
>
> 提前准备一些设置架构的表述，将其融入你演讲开始的部分。

参照秘诀 43，了解如何运用架构来最大限度地缓解听众的逆反情绪。你设置的架构可以带你走上通往演讲成功的坦途。

2. 再架构

在下面这些情况下，你可以运用再架构来改变观点。

- 某位听众发表的观点可能与你想要的结果向左，不符合全体听众甚至提出观点的听众的需要；
- 听众会觉得自己"身处困境"或者觉得自己对某事无能为力；
- 有人提出了消极的问题，并强调了事情消极的一面，而你希望积极地回应。

下面的例子列出了听众可能产生的反应，以及你应该如何进行再架构。

观点：这个问题太难了。

再架构：你想过成功的样子吗？

这一再架构把视角从"问题架构"转换为"结果架构"。

观点：这件事我们无能为力。

再架构：谁能伸出援手呢？

这一再构架实现了视角的转换，让不可能变为可能。

观点：我找不到这个问题的答案。

再架构：如果你有一支魔杖，你最想变出什么来帮助自己？

这一再架构提供了一种富有想象力的观点。

观点：我们身处困境，前进不得。

再架构：向前的第一步该如何迈出？

这种再架构把问题的焦点从孤立无援的境地转换到谋求改变上。

观点：我们不可能在三周之内完成。

再架构：如果现在我们已经完成了任务，那么我们是如何做到的？

这种再架构将问题转化为"如果"的形式，所以我们可以从"假设我们已经完成"的角度出发思考问题。

当再架构可以取得良好的效果时，适时地使用它。

> **Try │ 轮到你了**
>
> （1）在日常对话中练习使用"再架构"。当你听到他人讲述自己的经历时，可以向他们提问，帮他们注意到个人经历中积极的方面。
>
> （2）仔细寻找会议和对话中的"再架构"。
>
> （3）写下在演讲开场部分可以使用的表达，以此架构你的演讲内容，让听众按照你预设的角度理解演讲。

> **More │ 深度学习资源**
>
> 《NLP 工作手册：实现你预期结果的实用指南》（*NLP Workbook: A Practical Guide to Achieving the Results You Want*），约瑟夫·奥康纳，2001.
>
> 阅读该书第十五章"架构"，学习不同的架构方式。

秘诀 43

如何消除听众的潜在反对意见

你的演讲准备得再好，也难免会有听众提出反对意见。总是有听众特别喜欢质疑你的想法。我们必须具备应对这些反对意见的能力，当然，如果我们能在源头上避免这样的反对意见就更好了。

为什么这点至关重要

稍加考虑,你就可以避免大部分反对意见。之所以要减少反对意见,是因为以下原因。

- 不事先考虑反对意见,势必会产生不必要的麻烦;
- 过多的反对意见会让你的观点看起来未经深思熟虑;
- 听众会质疑你的专业性,或者认为你缺乏这一领域的专业知识;
- 在你手忙脚乱应对反对意见的时候,你的可信度会骤然下降;
- 对听众关心的问题做好准备可以增加听众对你的信心。

当第五位听众提出反对意见时,玛丽意识到她应该提前做好准备

如果不事先针对听众的反对意见做好准备,演讲当天可能会很麻烦。

> **小诀窍**
> 提前预防胜过亡羊补牢。

怎么做

1. 写下你能想到的所有反对意见

- 设想你是听众，回顾自己的演讲，找出听众可能会询问或者质疑的观点。
- 请同事帮你思考可能存在的问题，尽可能提出最严苛的问题。

2. 计划演讲时如何应对

- 确定在演讲的哪一部分解决听众可能提出的问题。
- 思考怎样说服你的听众，可以准备论据、例证或者事实。
- 为了应对听众可能提出的反对意见，你需要说什么？或者你需要向听众展示什么？将它们写下来。

3. 标记出所有有待改进的地方

下面列举一些运用了架构技巧的表述，运用这些表述可以尽可能地减少反对意见，至少可以鼓励听众以合适的方式提出问题。参照秘诀42了解更多关于架构的内容。

- "我希望你们能考虑一下这个想法，虽然它尚未成型，但我非常想知道你们对它的看法。"
- "这是吉姆和我对解决问题做的最初尝试，这并不是最终方案，所以我真的很希望你们能发表意见。"
- "我会向你们展示最新的项目计划。这个项目计划经过了我们的反复推敲，但仍然可能存在些许小问题。如果你有任何意见，请马上告诉我。"

4. 在演讲之前架构听众可能提出的反对观点

如果你预感到听众可能会针对你所述内容发表反对意见，你可以预先对反对意见进行架构，降低产生异议的可能性。下面是几个例子。

- 当你的建议似乎并不合理时

架构表述："下面这个建议看似与我们的直觉相悖，但我希望你们能对它敞开心扉。"

产生的积极效果：人们会抱有更开放的心态。

- 当你认为听众可能会质疑你演讲的内容时

架构表述："当我第一次听到这个观点的时候，我也持怀疑态度。所以，现在你们觉得这个观点有些奇怪，这很正常。"

产生的积极效果：听众一般不会提出质疑，因为你说了你也持怀疑态度。此外，"当我第一次听到这个观点的时候"这样的表述也暗示听众，这个观点只是初听之下会比较难以接受。

- 当你认为听众可能会质疑你提供的数据的可信度时

架构表述："这组数据令人惊奇，当我第一次听到时，我心底都在想'这不可能吧'。"

产生的积极效果：在这样的情况下，大部分听众不会提出质疑，因为你已经事先说你也曾产生怀疑。

轮到你了

（1）查看你的演讲稿，找出听众可能会质疑的观点。

（2）针对听众可能提出的质疑，设计演讲的内容，降低听众提出问题的可能性，至少让听众提出建设性问题，写下自己设计的内容。

（3）当你在日常的对话或会议中提出自己的观点时，你预料到大家可能会有反对意见，在大家提出反对意见之前，提前设计讲话内容，促使大家抱着更开放的心态接受你的观点。

> **More | 深度学习资源**
>
> 《个人影响力：如何才能有所作为》（*Personal Impact: What it Takes to Make a Difference*），阿曼达·维克斯（Amanda Vickers）、史蒂夫·巴维斯特（Steve Bavister）、杰基·史密斯（Jackie Smith），2009.
>
> 该书第六章"如何影响他人"介绍了许多说服他人的方法，可以用来减少听众的反对意见。

秘诀 44

在解释改变的时候谨慎选择你的措辞

做出改变总会面临种种压力，而向人们解释改变又要避免触碰人们敏感的神经，这绝非易事。要让人们参与进来，做出改变，你的措辞非常关键。研究表明，只需稍微留意我们的谴词造句，实现目标的概率会大大增加。

除了每天都想尝试新事物的杰夫，
团队成员都没准备好应对变化，凯伦想知道其中的原因

为什么这点至关重要

语言行为评估量表（Language and Behaviour Profile）的创始人罗杰·贝利（Rodger Bailey）对如何解释改变做过深入研究，如果我们希望影响听众，让他们接受改变，那么语言行为评估量表可以帮助我们理解并影响他人的行为。

谢尔·罗斯·夏尔凡（Shelle Rose Charvet）在《语言改变思想》（*Words That Change Minds*）一书中引用了罗杰·贝利的研究，特别是其中与改变相关的关键内容。

- 只有大约 20% 的人喜欢频繁的变化。在一年左右的时间跨度内，这部分人希望工作能够发生巨大的改变，使他们有机会做一些不同的事情。
- 大约 65% 的人希望保持现状，在一年或者两年的时间跨度内，他们可以接受适度的改变，比如升职。
- 剩下 15% 的人分为两种，要么喜欢一成不变，要么喜欢不变和变化兼而有之。

所以，当你要对改变或者变化做出解释的时候，你的措辞应该力求吸引最多人。就像打高尔夫球，你需要选择安全球（percentage shot）。

安全球指稳妥的选择。当周边环境复杂时，不要冒险让球越过树木，将球切回平坦的球道上即可。

我们可以将这种思路运用在解释改变时，也就是说，你解释变化的方式要能吸引那 65% 的人，因为你知道还有 20% 的人对改变持更加开放的心态，他们会欣然接受你的观点。也就是说，你实际可以影响 85% 的听众。

怎么做

1. 避免使用强调差异性的词汇或表述

这样的词汇或表述包括:"变化""不断变化的""新的""你会以全新的方式工作",或者"这将彻底改变你的工作"。

2. 说明什么都没有改变

使用这样的表述:"跟……一样""流程基本相同""它与我们现在做的非常相似",或者"它跟……完全一样"。

3. 在说明变化的时候,要强调变化是循序渐进的

使用的词汇或表述包括:"改进""改善""升级""更好""更快""增长""加强"和"发展"。

> **Tip 小诀窍**
>
> 在演讲之前列出清单,写下适合解释改变的词汇和表述。

谢尔·罗斯·夏尔凡在书中举了一个解释改变的例子。许多年前,打字机被文字处理机取代,但有很多人多年以来一直在使用打字机,他们不习惯使用文字处理机,也有人对使用文字处理机感到忧虑。想象一下,你该如何向他们解释这种转变并缓解他们的担忧。

如果你在解释改变时,主要强调其中的差异,突出新颖之处,这只能吸引真正喜欢改变的那20%的人。如果使用下列表述,你会让绝大部分人感到担忧。

- "这是全新的产品。"
- "这意味着巨大的改变。"
- "有许多新的内容需要学习。"
- "你将会以全新的方式工作。"
- "你的工作将变得不同。"

相反，如果你能强调前后两种情形的相似之处和改进之处，便可以吸引喜欢适度改变的那65%的听众，此外，喜欢频繁的变化的20%的人绝不会对你的表述感到不适，因为这种程度的变化对于他们来说不值一提。

下面的表述可以鼓励大部分人欣然接受文字处理机，放弃使用打字机。

- "电脑屏幕其实与纸张差不多。"
- "键位基本没有变化。"
- "文字处理机其实与打字机类似。"
- "文字处理机修改错误更方便。"
- "使用文字处理机，你可以更快地创建新文档，因为你可以在旧文档的基础上生成新文档，不需要重新输入。"

在解释改变的时候，多投入些时间，推敲你的措辞。

Try | **轮到你了**

（1）思考你可能需要向特定人群解释的改变。

（2）使用下面的词汇造句，将其融入你的演讲。

　　改进、改善、升级、更好、更快、增长、提升、发展。

（3）考虑如何将这些表述用在你演讲的开头、中间和结尾部分。

> **More 深度学习资源**
> 《语言改变思想：掌握有影响力的语言》，谢尔·罗斯·夏尔凡，1995.

秘诀 45

记住对方的名字

不知你是否有过这样的经历，在你完全没有预料到的情况下，有人叫出了你的名字。这会让你觉得自己非常特别，自己此前给对方留下了印象，而且自己是对方重视的对象。但是反观我们自己，大部分人觉得自己记不住别人的名字。

为什么这点至关重要

记住对方名字可以带来很多好处，比如以下几点。

- 拉近与对方的关系。
- 对方会感受到自己的重要性。
- 可以与对方建立亲和感。
- 帮助你增加可信度。

鲍勃觉得他的名牌可能做得太大了

怎么做

到底是什么阻碍了我们记住别人的名字？我们觉得是因为记忆力不好所以记不住别人的名字，但实际上，在初识对方的时候，我们压根儿就没有用心去记对方的名字。

你是否有过这样的经历，在与陌生人相互介绍过后，仅仅隔了几秒，你就忘记了对方的名字。其实，你可能从一开始就没有认真地记住对方的名字。这就像文档分类系统，如果你想从系统里获取信息，就必须先把信息输入系统。

1. 对名字进行处理，让其更好记

积极地去识记名字，调动任何能够帮助你记忆的感官。

你与别人初次见面时，可以按照下面的步骤记住对方的姓名。下述步骤能放慢相互介绍的过程，这样便于我们记住对方的名字。

- 直视对方的双眼，与之进行目光交流，说："您好，我是……（你的名字），您叫什么？"

（说和看）

- 握手

（做）

- 当你与对方握手的时候，目光依旧要停留在对方脸上，因为在别人做自我介绍的时候，看清对方的相貌可以帮助我们记住对方的名字。

（看）

- 注意听对方的介绍，比如："我叫玛丽。"

  在对方介绍自己的名字时，注视着对方。

（看和听）

- 重复对方的名字："很高兴认识你，玛丽。"

（说）

- 认识对方之后，马上把对方介绍给别人："格里，你认识玛丽吗？"

（再次重复）

> **Tip 小诀窍**
>
> 事先提醒自己，你需要记住对方的名字。

2. 五种方式，强化你对人名的记忆能力

（1）如果对方佩戴了名牌，留意名牌上的名字

发掘对方名字中任何可以帮助你记忆的因素，特别要记住对方的姓氏。

（2）询问对方名字的写法

下列情况下，可以询问对方姓名的写法：

- 没有姓名牌；
- 名字非常少见；

第六章 该说什么，该怎么说

- 存在同音字。

你可以直白地告诉对方知道名字的写法可以帮助你记忆名字，这样会显得礼貌得多。你可以这样问。

- "张是弓长张呢还是立早章？"
- "您的名字真的很少见，请问是哪几个字？"

（3）将名字与其他事物联系起来

留意对方名字或者长相的特别之处。

- 如果对方的名字与你某位朋友相同，想象你的朋友就在旁边。
- 如果对方的名字与某位著名高尔夫球手的名字相同，把他与高尔夫俱乐部联系起来。
- 如果对方的名字恰好是地名，结合地名记忆他的名字。
- 如果他们的长相酷似某位名人，结合那位名人记忆对方的名字。

（4）写下对方的名字

- 写名字的动作本身可以加强记忆。
- 如果来宾人数不多，可以把每位来宾的名字写在纸上，制作桌签，置于他们就座的位置。

（5）可以回望对方，看看自己能否把名字和相貌对号入座

环视屋内，看看自己是否记得刚才认识的来宾的名字。

3. 如果忘记了对方的名字怎么办

问可能知道对方名字的人。

4. 如果来宾人数众多怎么办

你不可能与来宾一一见面，来宾也不指望你会知道他们的名字。但是，在需要称呼对方的时候，尽量以姓名称呼对方。比如，听众提问后，你可以先问他们的名字，然后以名字称呼他们，再作答。

大胆尝试，很快你就能记住超过 20 个来听你演讲的听众了。

Try | 轮到你了

（1）下次参加社交聚会遇到陌生人时，按照上述方法练习记住他们的名字。

（2）当你在商店，佩戴名牌的服务人员为你服务的时候，用他们名牌上的名字称呼他们。

（3）当你在餐馆用餐时，询问服务员的名字。当你需要服务时，用服务员的名字呼唤他们。

More | 深度学习资源

《52 周记忆魔法实战手册》（*How to Develop a Brilliant Memory Week by Week: 50 Proven Ways to Enhance Your Memory Skills*），多米尼克·奥布莱恩（Dominic O'Brien），2014.

该书介绍了"怎样记住对方姓名和面孔"的技巧以及其他很多提升记忆力的方法。

第七章

该做什么，该怎么做

秘诀 46

什么样的站姿能提升你的影响力

人们想要以自己感觉舒适的方式站立，这无可厚非。有些人喜欢把重心放在一条腿上随意地站着，有些人则喜欢笔直地站立，有些人则喜欢在讲台上到处走动。那么你可能会问，这些站姿有什么问题吗？或者说，演讲台上的站姿只是根据个人喜好设定的吗？

我们需要关注的是我们的站姿将给听众留下怎样的印象，同时要明白，我们个人对站姿的偏好必须让位于听众的喜好。

为什么这点至关重要

站姿非常重要，主要是因为以下几个原因。

- 在讲台上，你的一言一行都在传递信息，包括你的站姿。
- 听众会迅速形成对你的第一印象，站姿在其中扮演着非常重要的角色。

- 你的站姿可能会削弱你的表达力度，也可能为你的信息表达助力。
- 站姿可以影响你的可信度和权威性。
- 当你改变姿态的时候，你的感觉也会随之改变，你的行为也会受到影响。
- 如果你保持自信的站姿，那这种姿势反过来也可以增强你的自信。

布莱恩的汇报非常有趣，但是团队成员不理解他为什么要在讲台上跳芭蕾

你在讲台上站立和移动的方式会影响你在听众心中的印象。

怎么做

1. 尽量站在讲台中央

舞台上最有影响力的地方就是舞台中央。在 TED 演讲的场地里，供演讲者站立的红色圆圈通常位于舞台中央。

站在舞台中央效果最好，这是因为在一个房间中，最前方的中心位置是最重要、最有影响力的地方。如果你站在影响力较弱的靠边的位置，你传递信息时影

响力会不足；当你站在讲台中间时，你的观点会显得更加重要。

2. 在演讲的大部分时间，甚至整个过程中保持坚定、自信的站姿

保持坚定自信的站姿，可以给听众留下良好的印象，听众会觉得你可信、专业、能干、自信、坚定。

那么，如何保持坚定、自信的站姿呢？下面介绍几个方法。

（1）双脚提供坚实的基础

- 两脚分开，与臀部同宽。
- 两脚尖微向外张。

（2）双腿

- 保持直立姿势，双腿伸直，避免倾斜。
- 避免膝盖过分紧张，因为那样很快就会令人感到不适。膝盖稍微放松，保持直立姿势即可。
- 避免重心不稳，身体左右摇摆。

（3）臀部

- 使臀部处于正直位置，且两块臀大肌在水平方向上并列，这样你的身体就不会向某个方向倾斜。

（4）双手

- 大部分时间，你的双手要做各种各样的手势。
- 当你的双手不需要做手势时，比如在等待听众就座的时候，只需要把你的双手放在身体两侧，刚开始的时候你可能会觉得有些别扭，但是从别

人的视角看来，这样的仪态更舒服。

（5）头部

- 昂首挺胸，自信抬头。

颈部保持正直，让头部处于肩膀正中，双眼直视前方，正直的身体姿态可以传递出自信坚定。

——阿曼达·维克斯、史蒂夫·巴维斯特、杰基·史密斯，《个人影响力》

我建议你在整个演讲过程中都保持坚定、自信的站姿，包括问答环节。但在某些特定时刻，一些较为放松的站姿亦可作为选择。

3. 偶尔可以采取较为放松的站姿，但前提是时机适当

之所以选择较为放松的站姿，是因为你需要表现得更加易于亲近、随意自在、放松、友善、和蔼。

怎样保持放松的站姿？你可以参照下面的姿势。

- 将身体重心放在一条腿上；
- 一边膝盖弯曲，另一侧腿伸直；
- 听问题的时候，头部朝向固定位置；
- 听他人讲话的时候，可以把一只手放在下巴上；
- 把双手放在身体两侧。

你可以在下面的场景采取较为放松的站姿。

- 当你在轻松的氛围中与一小群人聊天时；
- 当你听他人提问时。但是，在听问题的时候保持坚定、自信的站姿依旧是最佳选择，因为这样可以维护你的权威。

> **Tip 小诀窍**
>
> 在听问题的时候采取较为放松的站姿,在回答问题的时候采取坚定、自信的站姿,这会让你的答案更具权威性。

4. 不要来回走动,除非有特殊目的

部分演讲者会在舞台上走动,并且收效良好。但是,无缘无故地在舞台上走动通常会让听众很难集中注意听讲,并且还会降低你的可信度。

想象你就站在 TED 演讲的舞台上,站在那个红圈之中,尽量站在圈内。

5. 如果屏幕在讲台中间怎么办

在需要使用视觉辅助手段的时候,自己的身体稍微移向一旁,但是在其他时间,你必须站在讲台中间。

6. 演讲是否可以坐下来

我建议演讲者尽可能保持站立的姿势,因为这样能够显示出你的权威性。当然,有时候你也可能会选择坐下来。例如,当听众只有几个人的时候,坐下来讲会显得更加友好。有时候,你可能必须坐下来讲,在这种情况下,尽可能保证你能无障碍地和在场的所有听众保持目光交流,这样使你在需要与听众进行目光交流时不必来回转动身体,你的演讲也会更有感染力。你可以向大家说明为什么你要坐在会场最前面做演讲,甚至可以要求部分听众移动或调整座位以便与你进行目光交流。

前面介绍的关于演讲时的站姿的技巧可以直接应用于坐姿,比如,保持坐姿正直,可以传递出演讲者的权威性;使用手势帮助你解释自己的观点;与听众进行目光交流等。

> **Try | 轮到你了**
>
> （1）在其他场合，例如在交谈时，练习以坚定、自信的姿态站立；
>
> （2）然后调整到放松的站姿；
>
> （3）感受两者的差异。

> **More | 深度学习资源**
>
> 《个人影响力：如何才能有所作为》，阿曼达·维克斯、史蒂夫·巴维斯特、杰基·史密斯，2009.
>
> 该书第七章"肢体语言"介绍了很多关于肢体语言及其不同意义的知识。

秘诀 47

如何用目光交流连接所有人

良好的目光交流带来的价值不可估量，但是对于许多演讲者来说，良好的目光交流很难实现。部分演讲者甚至试图避免与听众进行直接的目光接触，还有部分演讲者不知道如何进行目光交流，演讲时不知道该往哪里看。如果演讲者不进行目光交流，他们将错失一大演讲利器。在本秘诀中，我们会介绍在各种规模的演讲中进行目光交流的方法。

为什么这点至关重要

1. 可以建立亲和感

听众刚到达时,你可能有机会向他们打招呼,和他们握手,在此之后,你很难再和他们有直接的接触,但目光交流可以让你继续与听众保持联系。

2. 可以立即获取反馈意见

当你观察听众的时候,你可以得到听众的即时反馈。听众面部表情的变化能传递他们内心的反应。

3. 听众会感到你像在与他们一对一对话

良好的目光交流可以让听众感到你们彼此的关系更加紧密了。

4. 目光交流可以让你的注意力始终集中在"外部世界"

目光交流让你的注意力集中在听众身上,而不会仅仅停留在你的脑子里,也会避免你胡思乱想,这两者都会导致焦虑。当我们的注意力集中于"外部世界"时,我们可以关注当下,从而在演讲时表现得更好。

避免目光交流绝非良策。

怎么做

1. 禁忌

- 目光像灯塔的光束一样,从一边扫向另一边;
- 只瞥一眼,匆忙掠过;
- 长时间盯着,甚至瞪着眼睛看某个听众。

因为不知道该往哪里看，芭芭拉居然将目光锁定在了出口标志上

2. 与每个听众进行直接的目光交流

如果听众的数量合适，演讲者应该与每个听众进行目光交流。

3. 目光在听众间随机移动

目光的移动不需要按照固定规律，比如从一排的左侧移动到右侧。随机选择听众进行目光交流，这样会更加自然。

4. 在需要时与特定听众进行目光交流

当你所述内容与某位听众有关时，你需要和他进行目光交流，例如，你在说"毫无疑问，德里克会这么说"时，可以与德里克进行目光交流。

5. 目光交流时间的长短取决于自己的感觉

对于目光交流时间的长短，并没有精确的规定。像日常对话一样，当你觉得时间差不多了，就可以把目光移向下一名听众了。

6. 如果听众太多，无法与每个人进行目光交流怎么办

《演讲教练》(The Presentation Coach)的作者格雷厄姆·戴维斯（Graham Davies）建议："其实你需要的并非目光交流，你需要的是让听众看出你在进行目光交流。"

心里默默地把听众分组，比如分成左、中、右三组。分别与每组中的某位听众进行目光交流，那么整组听众会觉得你正在注视他们。随机变换目光交流的组别，这样就可以覆盖整个听众群体。

对于坐在前面的听众，你仍需要与他们一对一地进行目光交流，因为他们的位置太靠前，很难进行分组。

> **小诀窍**
> 可以用目光交流的方式与场地后面的听众保持联系。

7. 听众问问题时该怎么做

把你的注意力全部集中在提问者身上，表明你正在认真聆听，而且非常重视他的问题。

8. 回答问题时该怎么做

如果答案非常简短，那么你只需要注视着提问者；如果答案较长，你还需要和其他听众进行目光交流。参照秘诀58，了解更多关于如何回答问题的内容，以及如何在回答问题时进行目光交流。

分组练习目光交流，你会慢慢习惯进行目光交流。

> **Try | 轮到你了**
>
> (1) 培养意识
>
> 留意日常生活中人们如何进行目光交流。当人们说话聊天时，他们会进行目光交流吗？当人们听别人说话时，他们会和说话的人保持目光交流吗？
>
> (2) 在非正式场合实践
>
> 在社交场合进行实践，这非常有用。在你说话和听别人说话的时候，看看你能否较好地进行目光交流。
>
> (3) 留意其他演讲者是怎么做的
>
> 有机会的时候，学习其他演讲者与听众进行目光交流的方法。

> **More | 深度学习资源**
>
> 《演讲教练：让每个演讲者光彩夺目》（*The Presentation Coach: Bare Knuckle Brilliance For Every Presenter*），格雷厄姆·戴维斯，2010.
>
> 该书第九章"控制你自己"，不仅针对目光交流提供了建议，还介绍了演讲的其他内容。

秘诀 48

用描述性手势来表达你的意思

我们的手该干什么呢？自然地使用你的双手，听众会更好地理解你的意思。研究证明，手势可以帮助我们更清晰地表达自己的观点。

第七章　该做什么，该怎么做

为什么这点至关重要

为什么要使用手势？

- 使用描述性手势"画"出图片，这样听众能真正"看到"你表达的意思。
- 与不使用手势相比，使用手势可以让听众更轻松地理解演讲内容。
- 使用手势可以让你的演讲更可信，让演讲更加生动且充满感情。
- 哥伦比亚大学的罗伯特·克劳斯（Robert Krauss）研究发现，手势可以帮助我们整理思路，提示我们使用合适的表述，让我们的演讲更流畅。在解释某事的时候，如果要求陈述者手臂不动，放在身体两侧，大部分人会认为这样的姿势非常困难，很多人表示希望能够动用双手，加入手部动作。

使用手势不仅解放了你的身体，更释放了你的心灵。

——奥利维娅·米切尔（Olivia Mitchell），演讲教练

唐纳德用手势描绘出了脑海中的画面，但这样的手势并不是每次都能说服听众

怎么做

1. 手势要自然

你只需要像日常对话时那样使用手势。通过演练，你会发现自己会自然地重复那些效果较好的手势。

2. 用手势来描绘画面

用你的手势勾勒出画面。你可以用手势来描述尺寸、动作、形状等许多内容。比如，当你需要描述一条蜿蜒的河流，那么你就需要做出同样"蜿蜒"的手势来给听众营造视觉上的观感，并在他们内心留下"蜿蜒"的印象。

3. 用手势描述抽象概念

正如我们用手势来描绘具体事物一样，我们也能使用相同的方法来描述抽象概念，比如向上的手势可以代表向上的趋势。

4. 手臂和身体之间要可以"照进阳光"

不要让你的大臂"粘"在身体上，这样不仅看起来很奇怪，而且会限制你双手的活动范围（见图7-1）。

图7-1 不自然的手势

相反，让大臂离开身体，这样"阳光"就能从你手臂与身体之间照进来，你的仪态看起来会自然许多（见图 7-2）。

图 7-2　自然的手势

> **小诀窍**
> 在演讲开始时使用手势可以帮助你迅速进入演讲的状态。

5. 手势幅度要适当

如果使用动作幅度较小的手势来描述房子，那么听众会觉得你描述的可能是一间属于玩具娃娃的房子。你的手势幅度必须与你要描述的事物尺寸相匹配，比如描绘大山时手势幅度必须很大，而描述昆虫时手势幅度应该很小。

6. 充分利用整块"画布"

如果你的手势很拘谨，就好像一个画家在一块巨大的画布中间很小的地方作画。你需要张开双臂，掌控你面前的整块画布；你需要知道自己手势所能及的范围。在你看来，这么做动作幅度可能有些大，但在听众看来却非常合适。

7. 手势要清楚、从容

做手势的时候，动作不宜过快，更不要一晃而过。如果你做手势时动作太快甚至一晃而过，听众看到的就像不断闪烁的电视画面，他们很难看清，也很难理解你手势的意义。除非你是在描述非常快速或者不稳定的事物，否则手势一定要清楚。

8. 保持手势，以增强感染力

想要描述像墙一样坚固的事物，你需要保持手势。哑剧艺术家表演"假装被关在箱子里"时，他们会用双手费力地"推开"想象中的箱子。这是保持手势的绝佳例子。

9. 保持手势"在台面以上"

店主站在商店柜台后面，只有他的双手位于柜台上方时，你才能看到。在演讲时想象你就是那位店主，你的手势必须"在台面以上"。

10. 做单手动作时，把另一只手放在身侧

你希望听众将全部注意力集中在你正在做手势的那只手上，所以你需要把另外一只手放在身体一侧，保持静止不动。

> **Try | 轮到你了**
>
> （1）在社交对话中练习使用手势。
>
> （2）当有人要你解释某事时，练习加入手势。
>
> （3）在进行小组讨论的时候，注意他人对手势的使用。
>
> （4）留意其他演讲者或者电视主持人如何使用手势。

> **More | 深度学习资源**
>
> 《身体语言密码》，亚伦·皮斯、芭芭拉·皮斯，2017.
>
> 阅读该书第 11 章"十三种常见姿势"。

秘诀 49

如何用手势表示时间概念

日常生活中，我们在图表中经常会用从左到右的横轴表示从过去到未来的时间，所以，在演讲中做手势的时候，可以用指向听众左边的手势来表示过去，用指向听众右边的手势来表示未来。按照正确的方向使用指示时间的手势可以取得良好的效果，因为这样非常直观，听众很容易接受。

简的独门绝招可以帮助自己记住手势指示时间的方向

为什么这点至关重要

使用正确的手势来表示时间概念和连续性概念可以：

- 让你将时间轴形象化；
- 在视觉和感觉上感染听众；
- 帮助听众更轻松地掌握和时间有关的内容；
- 当你的演讲内容再次涉及相同的时间概念时，可以重复运用指示相同位置的手势，这称为"锚定"（anchoring），因为你已经把该内容与指示该位置的手势"绑定"在了一起，当你再次指向该位置时，听众可以马上回想起你之前说过的内容。

没有听众会刻意留意你在演讲中的动作，但是这些动作会切实影响听众的听讲体验。这说明演讲中的任何细节都能影响演讲的成败。既然我们能够做好，为什么不认真对待呢？

怎么做

想象一下，如果时间轴是横跨舞台的一条线，那么从听众的视角来看，时间点是：

过去　　　现在　　　未来

听众心底其实已经有了一条自己认可的时间轴，当你问听众哪个方向表示过去，绝大部分听众会指向左边。

我们可以按照听众心目中的时间轴来做手势，这样可以强化我们的观点。

注意，我们做手势的时候，会本能地从自己的视角出发而没有照顾到听众的视角。当你面向听众的时候，要注意指示时间的手势需要与你的习惯相反。因此，当你站在舞台上面对听众时，正确的手势应该如图 7-3 所示。

图 7-3　表示时间概念的手势

> **Tip | 小诀窍**
>
> 勤加练习。因为你现在做的事情与你的习惯相悖。

使用这个技巧，你可以说明诸多与时间相关的内容，比如下面这些。

（1）与时间有关的内容示例

①说明项目时间安排

开始　　目前的进度　　接下来的工作

②说明未来愿景

曾经的情况　现在的情况　未来的愿景

③说明项目时间安排（具体示例）

自二月以来，我们一直在做……

我们目前的进度……

今天之后，我们将……

（2）带刻度的连续性时间概念示例

你可以想象将数字放在时间轴上，然后用手势来解释连续性概念。

0　　　　50　　　　100

（3）对比示例

当你的演讲涉及两个相反的观点时，可以引入时间概念进行对比。

在演讲中，用一只手指向身体的一侧，另一只手指向身体的另一侧，这两种姿势可以帮助听众区分两种不同的观点和概念。

——加文·米克尔

通常情况下，手势可以帮助我们表达发生在过去和未来的想法或者观点，如表7-1所示。

表7-1　用手势表达想法或观点

指向听众左边的手势	指向听众右边的手势
过去	未来
缺点	优点
坏	好
存在问题	解决办法
错误	正确
反对	同意

一旦你养成了使用手势的习惯，你表达时间概念时便会得心应手。

> Try 轮到你了
>
> 技巧培养。当你和别人面对面聊天时，按照上述内容练习指示时间的手势，这能帮助你克服日常习惯，从听众的视角出发，使用表示时间的手势。

> **深度学习资源**
>
> 《演讲者的极限：如何解锁你内心的演讲者》，加文·米克尔，2016.
> 第七章"视觉频道"指导读者掌握不同类型的手势和其他身体语言。

秘诀 50

用手势强调观点、联系听众

你的一个手势可以迅速改变演讲现场的氛围，所以正确的手势可以配合演讲内容，帮助你改变听众的情绪。手势也可以把你和所有听众或者特定听众紧密地联系在一起。

为什么这点至关重要

手势可以帮助我们：

- 与听众联系，建立关系；
- 表达情绪；
- 迅速改变情绪，从轻松到严肃，从严肃到轻松；
- 强化重要信息；
- 减少演讲阻力，增加亲和感；
- 在互动方式上显得更加专业；
- 改变我们自己的状态。

迈克已经演讲了 30 分钟，但是他的手一直背在身后，
团队成员觉得迈克可能在身后藏了什么东西

怎么做

1. 与特定听众或者部分听众建立联系

手势可以针对特定听众或者部分听众，将该手势保持几秒，如图 7-4 所示。

在问答环节或者任何你希望听到听众观点的时刻，手势的使用非常重要。另外，当你的演讲内容针对某位特定听众或者某一部分听众时，使用手势也能起到很好的作用。

2. 联系所有听众

如图 7-5 所示，向身体两侧伸直双臂。这样的手势可以加强你与听众的联系，特别是在表达"欢迎"和"谢谢"的时候，这样的手势非常好用。

图 7-4 与特定听众建立联系

图 7-5 联系所有听众

在向听众问好时加入手势,可以增进双方的关系。

3. 手掌向下提升可信度

如图 7-6 所示,你可以使用双手向下的手势来强调自己的观点。

图 7-6　手掌向下

这种手势可以使演讲的气氛严肃起来，便于强调自己的观点。特别是当你想要表达某事势在必行，或者某事不容辩驳时，这个手势很合适。

- "所有人都必须这么做，这至关重要。"
- "完成这项工作至少需要两周的时间，不能再少了。"
- "必须这么做，没商量。"

使用手掌向下的手势时，你需要配合严肃的声音，这样听众很难质疑你的观点。当然，不要过度使用这招，把它作为强调重要信息的杀手锏。

4. 手掌向上增强亲和力

如图 7-7 所示，在解释说明事物的时候，你的手掌经常会自然向上，你的声音也会配合你的手势，这时的气氛会比手掌向下时欢快得多。

读下面的句子时，你脑海中会回响起欢快的声音，如果配合手掌向上的手势，效果会更好。

- "事情就是这样。"
- "试试看，亲眼看看结果。"

- "为什么不呢？这值得我们去探索，不是吗？"

图 7-7　手掌向上

> **Tip 小诀窍**
>
> 　　通过生理上的变化改变你的心理状态。现在就试试吧：掌心向上，然后掌心向下，感受一下它们的不同。

5. 让听众看到你的双手

　　千万不要把双手放在背后或者插在口袋里。双手放在背后，暗示你非常紧张或者你有所隐瞒；双手插在兜里，会让人觉得你过于随意。

6. 不做手势时姿势要简单

　　当你不做手势的时候，不要把双手交叉置于身前，这个姿势通常看起来非常别扭。不要双手握拳，也不要"摆弄"双手，这两个动作会让听众觉得你很紧张。
　　如图 7-8 所示，在不做手势的时候，双手不要保持这样的姿势。

图 7-8　双手交叉置于身前

不做手势的时候,将双臂置于身体两侧,姿势简单,听众更喜欢这样的仪态,如图 7-9 所示。

图 7-9　双臂自然下垂

秘诀 46 建议我们双臂自然下垂,置于身体两侧,这样的姿势看起来更加专业。

7. 注意事项

不要用手指指听众或者其他事物,单单是用手枪状的手势指向某人或某物,就会传递出极其负面的信息。

更糟糕的是摇手指！在你对人或者对物做手势时，切记要用我们之前提到的手掌摊开的手势。

> **轮到你了**
>
> （1）在社交场合，练习使用手势与人沟通。
>
> （2）下次当你在聊天中提出严肃的观点时，使用掌心向下的姿势来强调这个观点。
>
> （3）在你继续说话时，将手掌翻转向上。

> **深度学习资源**
>
> 《领导者演讲指南：如何使用软技能来获得硬结果》（*The Leader's Guide to Presenting: How to Use Soft Skills to Get Hard Results*），汤姆·伯德、杰里米·卡塞尔，2017.
>
> 该书第 13 章"提升你作为演讲者的可信度"介绍了对肢体语言的相关研究和使用指导。

秘诀 51

既要确保可信度，又要适时展现亲和力

如果你可以在权威可信和平易近人两种演讲风格之间来回切换，游刃有余，你的演讲会更具说服力，也更可能获得预期的演讲效果。

为什么这点至关重要

有的人总能给别人留下极度可信的印象,他们周身环绕着权威的气场;而有的人则非常平易近人,看起来和蔼可亲。

迈克尔·格林德(Michael Grinder)是一位作家,同时也是非语言沟通领域的专家,他用"权威可信型"和"平易近人型"来形容这两种人。我们可以通过善待后者来吸引他们,但是,前者更加独立,更希望交流对象开门见山,切入正题,而后者则更欣赏热情友好的沟通风格。

掌握权威可信而又平易近人的演讲风格,可以达到以下效果。

- 使演讲风格与演讲内容相匹配;
- 根据听众调整演讲风格;
- 迅速建立亲和感;
- 让你的观点更具感染力;
- 可以对现场情况做出反应;
- 快速调整演讲节奏和现场氛围;
- 增大实现演讲结果的可能性。

凯伦的演讲风格灵活多变,无论听众是"权威可信型",

还是"平易近人型",她都能应付自如

怎么做

努力驾驭权威可信和平易近人两种演讲风格。

权威可信型演讲风格的特点是：保持正直的站姿，肢体动作少，声音严肃，句尾降调，面部表情严肃，掌心向下的手势多于掌心向上的手势，表达直截了当、切中要害。

平易近人型演讲风格的特点是：肢体动作更多，声音悦耳动听，语调高、旋律感强、多变友好，掌心向上的手势多于掌心向下的手势，肢体动作幅度更大，更多微笑，更注重细节。

想要在你从事的行业里做一个成功的演讲者，你必须给听众留下权威可信的印象，所以我一直建议大家在整个演讲过程中保持正直的站姿。

演讲风格应以权威可信为基础，根据情况融入平易近人的风格。

但是，能够驾驭平易近人的演讲风格绝对是演讲的加分项，也是许多成功的演讲者必备的能力。

在遇到如下情况时，采用权威可信的演讲风格。

（1）演讲开篇时

更适当的做法是以权威可信的演讲风格开篇，这样可以显示你的权威性以及演讲内容的高可信度。

（2）预期会有不同意见时

过于和蔼可亲可能会导致听众不认真对待你的演讲。

（3）你知道听众偏好权威可信的风格时

我曾经给军人和航空公司的机组成员做过演讲，他们都偏好权威可信的演讲风格。

（4）在说明事实、关键信息、相关研究、数字数据时

要想让听众信服，你的演讲风格必须与你提供的可靠事实相匹配。

（5）提出非常严肃的观点时

在提及事关安全的重要观点时，显然需要你无论听起来还是看起来都具有极高的可信度。

在遇到如下情况时，采用平易近人的演讲风格。

（1）你了解到听众属于非常有亲和力的人群时

我曾经为航空公司的空乘人员演讲，他们都非常外向、健谈，善于社交，所以在给他们做演讲时，使用平易近人的风格收效极好。

（2）讲故事和轶事时

平易近人的演讲风格可以使用多变的语音语调和各种肢体动作，这样能让你演讲中的故事更加生动。

（3）轻松的"即兴"互动环节

在这样的环节，少一分"权威可信"可以更好地契合娱乐、轻松的氛围，但是注意不要与听众过于熟络，要与听众保持一定距离。

（4）你希望活跃气氛时

改变你自己的状态可以带动听众的状态也发生改变。

（5）听众发表意见时

在征询和倾听听众意见的环节，显然更加友好、更加开放的态度效果更好。

> **小诀窍**
>
> 如果你不确定采取哪种风格效果更好，尽量贴近权威可信的风格，因为想要缓和气氛相对简单。

第七章　该做什么，该怎么做

> **Try 轮到你了**
>
> 练习在演讲中采取不同的风格。
>
> （1）你本身的风格更接近权威可信还是平易近人？评估自己的演讲风格，写下答案。
>
> （2）向朋友详述这两种风格的特点，然后让他们判断你的演讲风格更接近哪一种。
>
> （3）下次和别人聊天的时候，注意对方的谈话风格。对自己的风格稍作调整，使之更贴近对方的风格。

> **More 深度学习资源**
>
> 《魅力：人际关系的艺术》（*Charisma: The Art of Relationships–Understanding the "cats" and "dogs" in our lives–an analogy*），迈克尔·格林德，2010.

秘诀 52

让听众对下一张幻灯片翘首以待

大部分演讲者选择先展示幻灯片，然后再对已经投映在屏幕上的幻灯片进行解释说明。在大多数情况下，更好的做法应该是先预告、介绍幻灯片的内容，再展示幻灯片。

幻灯片要先介绍再展示。

为什么这点至关重要

先展示幻灯片，通常会导致听众注意力分散，因为听众想立即了解幻灯片上的内容。即使听众看幻灯片可能只需要几秒，但就在这短短的几秒内，他们可能错过演讲中的重要信息。

养成在展示幻灯片前先进行介绍的习惯，这样可以：

- 提醒听众将注意力集中在重要信息上；
- 让听众了解幻灯片上的内容的背景知识或前因后果，以便更好地理解；
- 增加听众的好奇心，研究表明好奇心可以提升学习效率；
- 提升听众对幻灯片的期待；
- 幻灯片之间需要有过渡衔接，便于听众更轻松地把握演讲思路。

怎么做

1. 介绍幻灯片

先介绍幻灯片可以向听众提示接下来的内容，大部分听众喜欢先了解概况，再关注细节。

可以使用类似下面的表述来实现前后幻灯片之间的紧密衔接。

- "所以这就是旧系统的情况。现在，让我们来看看新系统。"
- "在看过项目的总体规划之后，我们现在来看看四个阶段的具体情况。"
- "接下来，我们来看看实施阶段……"

告诉听众接下来的幻灯片中会有哪些内容。

- "我们将在下一张幻灯片上看到新址的示意图。"

- "现在让我们看一下去年的销售情况。"
- "下面是我们客户调查的结果。"

提升听众对下一张幻灯片的期待。

- "接下来的内容可能会让你大吃一惊。"
- "想要改善现状,下面这件事非常重要。"
- "公众是第一次看到这些数据。"

凯西总是能让团队成员对她下一张幻灯片充满期待

2. 告诉他们该做什么

在展示幻灯片之前,告诉听众看到幻灯片的时候他们该做什么。

下面是一些可供选择的表述。

(1)阅读幻灯片,这是最简单的提示。

- "请先阅读幻灯片,我们稍后讨论部分内容。"
- "请先浏览幻灯片,然后我们一起来分析。"
- "请先熟悉一下这张图,然后我会说明我们要怎么做。"

（2）关注幻灯片中的重要部分，这会引导听众。

- "我希望你们能关注蓝色区域，因为新办公区的选址就在那里。"
- "请注意图表中的红线。"
- "请留意这条河的方向。"

（3）用问题吸引听众。提出问题，让听众思考。

- "你们可否告诉我这张图表的意义？"
- "你能不能辨别哪个标志属于哪个公司？"
- "你能猜出没有写出的数据吗？"

> **Tip 小诀窍**
>
> 用不同的方式介绍幻灯片，保持趣味性。

3. 展示幻灯片

在你觉得时机成熟的时候，向听众展示幻灯片。此前你已经与听众有了目光交流，在展示幻灯片的时候，听众的注意力就可以集中在屏幕上了。

（1）如果记不得下一张幻灯片的内容了，怎么办？

- 打印幻灯片的缩印图，放在手边。
- 如果幻灯片软件具有该功能，可以在"备注"里提示下一张幻灯片的内容。

（2）是不是每张幻灯片都要提前介绍？

并不需要提前介绍每张幻灯片，有时你可以先展示幻灯片，然后讲述内容，但是一般来说，先介绍幻灯片再展示，这样效果会更好。

对于预先准备好的活动挂图，也按照上述三步进行展示。

按照这样的顺序反复练习使用幻灯片，你很快就可以养成习惯。

> **Try 轮到你了**
> （1）从你的演讲中选一组幻灯片。
> （2）写出你会如何介绍每张幻灯片。

> **More 深度学习资源**
> 《演说之禅设计篇——完美呈现的设计原则和技巧》，加尔·雷纳德，2013.
> 该书是《演说之禅——职场必知的幻灯片秘技》一书的续作，阅读该书，学习如何制作精美的幻灯片。

秘诀 53

如何在播放幻灯片时引导听众的注意力

播放幻灯片之后，你仍然需要引导听众保持注意力，让听众关注重要的信息。除了少数例外情况，这意味着你需要告诉听众应该看幻灯片的哪部分，你需要用手势引导听众。

为什么这点至关重要

如果你不引导听众，听众的注意力很难集中在关键内容上。但是，当你借助幻灯片实现与听众的高效沟通的时候，你应该注意以下方面。

- 引导他们准确地注意到幻灯片上你希望他们注意的内容；
- 充分利用幻灯片传递你希望传递的信息；
- 与听众保持目光交流，传递重要观点；
- 始终保持对听众注意力的把控。

怎么做

1. "站"据最佳位置

如果你可以选择放置屏幕的位置，最好把屏幕放在舞台左侧，这样你就可以站在舞台中心，也就是最具有影响力的位置，如图7-10所示。

在TED演讲中，演讲者通常位于舞台中央，因为站在舞台中央最能感染听众。但是在通常情况下，演讲场地中的屏幕一般位于舞台中间的位置，如图7-11所示。

图7-10　屏幕位于舞台左侧

当屏幕在舞台中央时，演讲者在播放幻灯片的时候稍微向一旁移动，在不播放幻灯片的时候回到舞台中央。

第七章 该做什么，该怎么做

图 7-11 屏幕位于舞台中央

> **Tip 小诀窍**
>
> 不要离舞台中央太远，因为这样会让你处于影响力较弱的位置。

2. 如何使用含有重要观点的幻灯片

假设你在播放幻灯片之前已经按照秘诀 52 中的步骤提前对其做了介绍。

第一步

- 你自己应该注视着幻灯片中的要点，如图 7-12 所示。
- 听众自然而然地会跟随你的目光，注视幻灯片中的要点。
- 给听众几秒的时间，让听众消化他们接收到的信息。
- 与此同时，你依旧需要注视着幻灯片。

你看哪里，听众就会看哪里。

第二步

- 用手指向幻灯片中的第一个要点，如图 7-13 所示。
- 在提出第一个要点的时候，依旧要注视着幻灯片，并提示听众："首先，我们来看一下……"

227

- 在你说话的时候,听众依旧会看着幻灯片上的内容。

图 7-12　注视幻灯片中的要点

图 7-13　用手向幻灯片中的要点

第三步

- 转身看向听众,对要点进行详细的解释,如图 7-14 所示。

- 听众会把目光从屏幕上转移到你身上。
- 这也意味着你能跟听众直接进行目光交流。

图 7-14　解释幻灯片中的要点

当你与听众进行目光交流的时候,你才能以最大的感染力传递重要信息。

当你讲完第一点后,按照同样的模式讲述后面的要点。"让我们看看第二点",依此类推。这样,你就可以完全掌控演讲的节奏了。如果你不希望听众直接看到所有要点,你可以选择让要点在幻灯片上依次出现。

3. 如何介绍图形和图表

当你初次播放幻灯片的时候,可以按照讲述幻灯片上要点的方式介绍图形和图表。首先,你自己需要注视着幻灯片上的数据,稍作停顿,让听众看幻灯片;其次,你要根据你希望实现的目标,选择不同的方式。

如果你的演讲只涉及图表的一部分,你希望听众能和你一样只关注相关的部分,如图 7-15 所示,你需要用手势指示相关部分,进行解释说明,注意边看边说。

图 7-15　用手势介绍图表

这样可以确保听众始终看着幻灯片上你所讲述的部分。

当你觉得听众已经看懂了图表，转身面向他们，比如，可以继续表达自己的观点或者继续讲接下来的内容，如图 7-16 所示。

图 7-16　面向听众介绍图表

听众会跟随你的目光，将注意力从图表上转移到你身上。

4. 如果演讲场地中的屏幕在你身后

在 TED 演讲的舞台上，演讲者通常位于舞台中央，而幻灯片通常投影在舞台后方较高的位置，这种情况下，切忌转身看屏幕，以及朝幻灯片做手势。因为这样你要来回转身，看起来会非常别扭。正确的处理方法应该是：

- 依旧按照上述方式进行演讲；
- 当你想要听众看幻灯片的时候，用语言阐述清楚；
- 当你论述关键信息时，用语音语调表明其重要性，这时听众会将目光投向你。

在播放幻灯片的时候，练习使用这些技巧，很快你就能养成习惯。

轮到你了

（1）从一次演讲中选出几张幻灯片。

（2）按照秘诀 52 中的 3 个步骤练习介绍每张幻灯片。在播放幻灯片后，按照秘诀 53 中的步骤进行阐述。

（3）可能的话，向别人征求反馈意见。

深度学习资源

《演说：用幻灯片说服全世界》（*Slide:ology: The Art and Science of Creating Great Presentations*），南希·杜瓦蒂，2008.

该书教读者像设计师一样思考，旨在让读者以不同于传统的全新方式制作幻灯片。

第八章

如何提问，如何回答，如何结尾

秘诀 54

演讲中该如何向听众提问

演讲绝不是单向的过程，如果你能让听众参与进来，你也会得到听众的认可。要想做到这一点，不仅要靠说，更要靠问。

为什么这点至关重要

神经科学的相关研究表明，我们一次只能将注意力集中在一件事情上，《让大脑自由：释放天赋的12条定律》(*Brain Rules: 12 Principles for Surviving and Thriving at Work, Home, and School*)一书的作者约翰·梅迪纳（John Medina）在书中写道："研究表明，我们不能一心多用。"在演讲中，一个问题就可以"劫持"听众的大脑，抓住听众的注意力。这意味着当你提出问题时，必须确保听众能关注你希望他们关注的内容。

《基于脑的学习》(*Brain-Based Learning*)的作者埃里克·詹森（Eric Jensen）

认为:"问题能促进学习的效果。"他解释道,"提出问题比仅仅提供答案更能引起人们更深层次的思考。"精挑细选的问题会加强人们对演讲的理解和记忆。此外,在演讲中提问可以达到以下效果。

- 让听众从被动接受变为主动思考;
- 激活大脑,使其开始探寻事物的意义;
- 鼓励听众独立思考;
- 促进自主学习;
- 让听众给出不同的答案;
- 表明我们相信听众能自己找到答案;
- 听众更可能采取答案中涉及的行动;
- 比单纯的讲述更能说服听众。

迈克注意到一位听众过度热情,这让其他听众有点不耐烦

不要让某位听众独领风骚,要让全部听众参与进来。

怎么做

提问的目的有以下几点。

1. 强化学习

- "你学到的内容中,哪方面最重要?"
- "能否用一句话总结你所学的内容?"
- "在你学到的内容中,最令你惊讶的是什么?"

2. 促进反思

- "现在你对此感觉如何?"
- "你现在处于哪个阶段?"
- "当你再次考虑这件事时,你能想起什么?"

3. 应用知识

- "今天学到了哪 3 条重要建议?"
- "对于今天学到的内容,如何应用最好?"
- "你今天学到的内容应该如何应用?"

4. 解决问题

- "造成这件事的原因是什么?"
- "怎么才能让它起作用?"

- "解决问题最简单的方法是什么？"

5. 鼓励创新

- "如果有办法可以解决这个问题，该怎么做呢？"
- "想象一下，如果你已经成功完成了这项任务，你是怎么做到的？"
- "如果你有一根魔杖，你想得到什么？"

6. 规划行动

- "要想取得最大程度的进步，你该做什么？"
- "要想快速见效，该怎么做？"
- "下一步该做什么？"

7. 畅想未来

- "如果我们这么做，明年情况会如何？"
- "这会对客户产生什么影响？"
- "如果每个人都这么做，事情会如何变化？"

> **Tip 小诀窍**
> 鼓励那些比较安静的听众发出自己的声音。

尝试提出不同的问题，选择效果较好的予以回答。

> **Try 轮到你了**
>
> 在你的下次演讲中：
>
> (1) 从上面 7 个类型的问题中选择至少 3 种，然后列出对应的问题；
>
> (2) 考虑你是希望听众大声回答，还是自己在心中作答；
>
> (3) 确定在演讲的哪个部分插入问题。

> **More 深度学习资源**
>
> 《提问的艺术：沃顿商学院写给管理者的提问指南》（*The Art of Asking: Ask Better Questions, Get Better Answers*），特里·J. 费德姆（Terry J. Fadem），2008.
>
> 阅读"问题的种类"一章，了解 25 种问题类型。

秘诀 55

如何确保听众在预设的时间内提问题

能够提出问题表示听众的注意力集中在演讲上，并且对演讲的内容非常感兴趣。但是，如果听众提问多次打断你的演讲，势必会影响演讲效果。

为什么这点至关重要

如果不知道听众会在何时提问，可能造成以下问题。

- 知道听众可能随时提问故而会打断演讲，因此，你的紧张情绪会增加；

第八章　如何提问，如何回答，如何结尾

- 如果听众提问打断了演讲，这会破坏演讲的流畅性，并且打断你的思路；
- 演讲就像一个完整的故事，而提问造成的间断会让你的故事断断续续；
- 听众的临场提问会让你很难控制演讲时间；
- 会使重要信息不够突出。

因为上周的汇报多次被大家打断，露丝决定这次把发言权掌控在自己手中

> **Tip 小诀窍**
>
> 　　没有人喜欢别人指手画脚，告诉自己该干什么。但是，如果你的建议有理有据，大家会非常配合。

怎么做

让听众知道他们可以在何时提问。

1. 告诉听众，你随时接受提问

在有的演讲中，听众随时提问，演讲者随时回答，这样效果会更好，这种方式特别适合听众人数较少的演讲。

你可以这样说："在演讲的过程中，大家可以提问，所以，如果你有不清楚的地方，可以随时向我提问。同时，在我的演讲结束后，也会有问答环节。"

2. 鼓励听众在演讲每一部分的结尾提问

对于某些演讲来说，让听众在整个演讲结束时提问显然不合理，所以你需要告诉听众你希望他们在什么时候提出问题。

你可以这样说："演讲分为三个部分，我会依次介绍。除了特别紧急的问题，我希望你们能把问题留到每部分的结尾，到时我们可以一起讨论，这样更节省时间。"

3. 向听众保证演讲结束时会有问答环节

当听众人数较多的时候，让听众在演讲结尾的问答环节提问更符合实际情况。

你可以这样说："在演讲的过程中，如果有问题，请先做好笔记，因为在演讲主体部分结束后，我们有专门的问答环节。"

如果听众人数较少，你不必将提问时间规定得那么严格。

"如果你们有重要的问题，请马上提出来，当然，如果能将问题留到演讲结尾的问答环节，效果会更好。"

听众可以择时机提问，但是绝大部分听众，甚至所有听众都会选择在演讲结尾时提问。

除此之外，我再介绍一些其他的建议。

1. 预先对听众的提问和关心的内容做好准备

如果你预估到了听众可能会提出哪些问题，你可以在听众没有提问的时候就告诉他们你已经注意到了这个问题，并且随后会进行讨论。这样做不仅可以提升你与听众之间的亲和感，还能减少听众打断你的情况。

你可以这样说："我会解释该系统的工作原理，但是我知道你们来自不同的部门，所以，在我讲完以后，会有专门的问答环节让大家针对各自的具体情况提问。"

2. 将问答环节以书面形式告知听众，比如写在幻灯片或者演讲时间表上

如果有纸质的演讲时间表，你可以列出问答环节的安排和时长。这样，听众会更愿意接受你的安排，把问题留到问答环节。

Try | 轮到你了

针对你的下一场演讲，思考并写出以下内容。

（1）你希望听众何时提问。

（2）你将通过何种方式告知听众。

（3）你要如何建议听众在你设置的时间提问。

More | 深度学习资源

《演讲教练：让每个演讲者光彩夺目》，格雷厄姆·戴维斯，2010.

阅读该书第 10 章"掌控演讲日"，学习如何让演讲当天事事顺利，井井有条，这些内容中就包括安排听众的提问时间。

秘诀 56

6 招让你在提问环节与听众"愉快合作"

你可能非常担心问答环节是否顺利,因为你不确定听众会提出什么样的问题。但是,我们其实有办法让自己在问答环节占据主动地位,我们需要做的就是鼓励听众在问答环节与你积极合作,并且听众之间也要互相合作。

为什么这点至关重要

这点非常重要。如果你和听众无法在问答环节协作,那么会产生以下后果。

- 提问环节演变为"你 vs 听众"的对抗环节,你与听众的亲和感会大幅降低;
- 你演讲内容的感染力会被削弱,本来非常成功的演讲可能以糟糕的方式收场;
- 如果出现咄咄逼人的提问,你的可信度会受到威胁;
- 不断受到问题的"攻击"时,你的戒备心会增强;
- 如果你被逼入"不利境地",你的表现亦会受到影响。

反之,如果问答环节你与听众合作顺利,双方都会受益良多。当人们讨论过别人给予的建议时,他们更可能将其付诸实践。如果在问答环节中,演讲者和听众可以合作,比如进行讨论,那么听众在听讲后按照演讲者的建议采取行动的可能性会更大。

第八章 如何提问，如何回答，如何结尾

之前珍妮担心处理不好听众的提问，但是现场无人提问让她感觉更糟

怎么做

1. 合理设置会场，营造合作氛围

如果你可以根据自己的意愿布置会场，你需要知道，与常规的座位布置相比，某些座位安排方式能鼓励听众与演讲者协作。相较于一排接一排端坐在剧院式的座位上，听众围坐在类似咖啡馆的圆桌前时，他们的合作意愿更强。

即使你无法左右演讲会场的整体布置，你仍旧可以做出些许调整，比如让听众几人一组坐在一起，进行合作。

2. 设计合作性强的问答环节

主动介绍问答环节的安排，这样听众会发扬合作精神，按照你的安排来配合。

你可以参考以下几种表述。

- "其实今天到场的来宾有许多是业内专家，并且他们就坐在我们身边，我相信他们可以回答大部分问题。"明确提出问答环节的安排，这样，现

场的听众会帮助你回答许多问题。

- "现在，让我们一起讨论一下你们预见的问题。""讨论"这个词将问答环节的基调定在协同合作上，而不是简单的"问和答"。
- "我们该怎么做呢？我希望大家能分享一下自己的观点。"这样的表述充分表达了你对听众参与的重视。

> **Tip 小诀窍**
> 措辞使用"我们"，因为"我们"可以传递共同合作的概念。

3. 在演讲过程中把需要讨论的问题记录在活动挂图上

听众提出问题时，你可以将需要进一步讨论的问题写在活动挂图上，并且告诉听众随后会就该问题进行讨论。这样可以使听众更好地与你协作。

问答必须是双向沟通的过程，不能仅仅是听众问你来答。

4. 寻求听众的帮助

人们通常乐于伸出援手，因为这样他们可以感到自己贡献的力量和价值。你可以把问答环节设计成寻求听众帮助的形式，你可以这样说："这是我的想法，我非常希望听听你们的看法。"

5. 用不同的方式来讨论同一个问题

研究表明，在讨论问题的时候，如果每个参与者都能充分投入，理想的参与人数约为7人。但是，即便听众人数较多，你依旧可以把听众划分为人数适宜的小组，这样讨论的效果也会非常好。

- 让听众两人一组合作讨论，比如，可以给听众两分钟时间，让他们与邻座的人一起讨论提出的问题，然后邀请几组听众分享他们的答案。
- 设置问题，供听众进行小组讨论。

6. 向听众学习

- 询问全体听众合作讨论的结果。
- 选一位听众中的专家了解结果。
- 选一位普通听众了解结果。

在问答环节鼓励听众合作，使整个问答环节对所有听众来说既有趣又能解决问题。

Try│轮到你了

在准备下一场演讲时考虑这些问题。

(1) 在问答环节，为了鼓励听众协作，你要怎么说？写出 3 个你会用到的表述。

(2) 思考与你的演讲相关的问题，你可以找人帮你思考，从中选择 3 个记下来。优先将最适合的问题加入演讲内容中。

(3) 写下需要讨论的话题。

More│深度学习资源

《如何讨论：以最短时间达成最佳结果的 50 个讨论方法》(*The Discussion Book: 50 Great Ways to Get People Talking*)，史蒂芬·D. 布鲁克菲尔德 (Stephen D. Brookfield)，史蒂芬·普莱斯基尔 (Stephen Preskill)，2016.

该书教你从容应对演讲、会议、课堂和其他各种情景中的讨论环节。

秘诀 57

演讲不要在问答环节之后戛然而止

听众问完问题之后,演讲者有时候会说:"还有问题吗?没有了?感谢大家。"表面上看,这样的结尾没什么问题,但实际上,你应该再说几句,否则以问答环节作为整个演讲的结尾会弱化你的行动号召,人们按照你的希望采取行动的概率会降低。

为什么这点至关重要

如果问答环节进展不顺利,可能产生以下后果。

- 你的演讲在低潮中收场,你的论点难以站住脚;
- 问答环节出现的问题会始终留在听众脑海里——人们总是会记住最后发生的事情;
- 你演讲中的核心信息不够突出;
- 人们可能会带着负能量离开会场,这显然于你实现目标无益。

但如果你能在问答环节之后再说几句,你可以实现以下效果。

- 在经历了困难的问答环节后,以积极正面的内容结束演讲;
- 活跃听众情绪;
- 强化核心信息,强调行动号召;
- 为听众描绘美丽未来的愿景。

第八章 如何提问，如何回答，如何结尾

特里总喜欢在艰难的问答环节后让演讲在欢快的氛围中结束

怎么做

1. 问答环节后再结束演讲

在问答环节后留一段时间，哪怕是一两分钟的时间，作为整个演讲的结尾。在回答完最后一个问题之后，按照下面3步结束演讲。

- 总结主要观点。
- 发出行动号召。
- 描绘全新未来，告诉听众他们的行动会带来怎样的结果。

阅读秘诀60，了解这3个步骤的细节。

2. 如果必须在问答环节之后结束演讲，仍然要说几句

如果你在会议上发言，问答环节通常安排在演讲结尾。在这种情况下，回答完问题之后，你仍然要坚持说几句话。即便是寥寥数语，也足以让演讲结尾积极有力。

在问答环节之前，作为演讲的一部分，你应该已经总结了主要观点，发出了行动号召，并且也描绘了全新未来。所以，再次详细地重复这些信息并不合适，相反，你应该按照"总结主要观点、发出行动号召、描绘全新未来"的顺序进行简短的总结，下面的形式可供你参考。

- "感谢你们的提问。"
- "所以，大家需要记住的关键内容是……（插入你的关键信息）。"
- "所以，我想再一次恳请大家……（插入你的行动号召）。"
- "那么，最后，我们可以期待……（插入听众行动的成果）。"

> **Tip 小诀窍**
> 练习按照上面的步骤结束演讲，直到形成习惯，这样你的演讲总能在高潮中收尾。

3. 选择问答环节中的高潮时刻结束该环节

尽量选择在高潮时刻结束问答环节。当你觉得问答环节已经接近尾声，并且现场氛围非常好时，你可以就此结束问答环节，然后发表结语。

4. 在经历了艰难的问答环节之后，逐渐过渡到积极状态

不要试图突然改变大家的情绪，如果听众当前的心态比较消极，他们很难迅速拥有积极心态。

要想让听众从消极心态转变为积极心态，秘诀就是要"呼应"和"导引"听众。关于"呼应"和"导引"的具体内容，请回顾秘诀12。

你可以使用下面的形式来"呼应"和"导引"听众。

- "谢谢大家能就这些难题提出自己的见解。"
- "正如我们所见，这个问题并不简单。"

- "但是,我希望大家能够记住的关键点是……"
- "我想再一次恳请大家……(插入你的行动号召)。"
- "有了你们的支持,我相信我们可以……(插入听众行动的成果)。"
- "谢谢大家。"

永远要以高昂的情绪结束演讲,这样可以增加听众响应号召的概率。

> **Try 轮到你了**
>
> (1) 思考接下来的演讲,问答环节后你要说什么样的关键信息,将它们写下来。
>
> (2) 记住演讲的结语。
>
> (3) 在同事面前练习,并征求反馈意见。

> **More 深度学习资源**
>
> 《沟通:用故事产生共鸣》,南希·杜瓦蒂,2010.
>
> 该书第 2 章有"行动的召唤"和"结尾"两节内容供大家参考。

秘诀 58

如何掌控问答环节

问答环节很难掌控,但是,秘诀 58 中介绍的 8 个步骤可以帮助你非常专业地掌控问答环节,最大限度地发挥它们的作用。

为什么这点至关重要

- 问答环节处理不当,你在听众心目中的印象会受到影响。
- 如果自己的问题得不到解决,听众会感到失望。
- 顺利完成的问答环节可以提升你的可信度。
- 妥善处理听众的问题可以加强你演讲的影响力。

员工提问的积极性依旧很高,这说明 5 分钟的问答环节太短了

怎么做

按照下述 8 个步骤掌控问答时间。

步骤 1　介绍问答环节

首先,你需要向听众表示你欢迎他们提问,鼓励他们发表自己的意见和看法,奠定问答环节积极开放的基调;其次,你需要管理听众的预期,比如说"问答环节的时长是 10 分钟"。

参考秘诀 56,了解如何与听众在问答环节积极合作。

步骤2　鼓励大家提问

注意以下几点。

- 不要说"大家有没有问题"而要问"你们的问题是什么"。
- 使用张开手臂的手势，向听众表明你鼓励提问的态度。
- 不要把双手背在身后。
- 不要向后退。这样看起来好像你在躲避问题。

步骤3　联系与倾听

注意以下几个方面。

- 当许多听众举手的时候，选择一名听众。
- 联系听众时，切记使用手掌张开的手势，并且要与听众进行目光交流。
- 如果你知道听众的名字，那么一定要以名字称呼他们，比如："玛丽，你想问的问题是什么？"如果你不知道听众的名字，先询问名字，再以名字称呼提问的听众。
- 在听众提问的时候，你一定要全神贯注。
- 不要说"这是一个非常好的问题"，因为这样会让听众觉得你在评判他们的问题或者觉得你给人一种居高临下的感觉。
- 如果其他听众没有听到问题，你可以先重复听众的问题。

步骤4　回答听众的问题

如果听众并没有提问，而是提出了与你的看法向左的意见，秘诀59会告诉你该如何解决。

回答提问时要注意以下几点。

- 答案要简洁明了。
- 如果你不知道答案，诚实地告诉听众。
- 向听众解释为什么你不知道答案或者为什么你知道答案但不能说。
- 如果听众中有人知道问题的答案，可以考虑向知道答案的听众转述该问题。注意要先称呼他们的名字，来提醒他们你要转述问题，比如："约翰，你在这个项目上经验丰富。这个问题你怎么看？"
- 你可以选择向提问者反问，比如："迈克尔，你似乎很重视这个问题，那么你自己有什么想法呢？"
- 你也可以向所有听众转述该问题，这种开放的提问方式叫作"过顶式提问"（overhead question），就好像你"抛出"的问题会"掠过"每个听众的头顶。
- 如果依旧无人回答问题，你可以告诉听众，演讲结束后你会找到答案并告诉他们。

> **小诀窍**
> 对于超出你演讲主题范围的问题，或者其他听众不感兴趣的问题，你可以告诉提问者你会在演讲后予以解答。

步骤 5 在回答问题的时候，通过与听众进行目光交流，保证每名听众都能参与其中

如果答案非常简短，你只需看着提问者；如果答案较长，用下述方法让听众参与进来。

- 先将目光投向提问的听众；
- 接着将目光转向其他听众；
- 然后将目光转回提问者；

- 重复这种交替进行的目光交流模式;
- 在目光交流过程中,分配给提问者大约 1/3 的时间,将剩余时间分配到其他听众身上。

步骤 6　询问听众问题是否得到了解答

问听众"这是你想要的答案吗"。

- 如果听众认为"不是",询问他们还想了解什么;
- 如果听众认为"是的",感谢他们提出问题,继续进行步骤 7。

步骤 7　邀请听众继续提问

你可以说:"还有问题吗?"如果听众依旧有问题,重复步骤 2 到步骤 6。

如果两名听众同时发言怎么办?

- 向两名听众中的一位伸出手臂,做交警用来让车辆停止时做的手势,这个通用手势可以让大部分人停止发言;
- 告诉两位听众,你稍后会让他们发言。

步骤 8　结束提问环节

感谢听众的提问,然后进入结语部分。请阅读秘诀 60,了解如何为演讲画上一个有力的句号。

在每次演讲中都按照这 8 个步骤掌控问答环节,你很快就会养成习惯,在演讲时游刃有余。

Try | 轮到你了

(1) 日常对话中,当有人向你提问时,练习言简意赅地回答问题。

(2) 针对你的下一次演讲,写下听众可能提出的问题,并考虑你的回答。

(3) 请人模拟提出这些问题,练习去回答,最后征求对方的反馈意见。

> **深度学习资源**
> 《演讲教练：让每个演讲者光彩夺目》，格雷厄姆·戴维斯，2010.
> 该书第 11 章"掌控问答环节"介绍了许多掌控问答环节的实战技巧。

秘诀 59

用好奇心来应对反对意见

即便你的演讲准备得天衣无缝，现场依旧会有听众提出不同意见，比如"我觉得很难奏效""这看似很好，但是……"或者"我并不赞同你的看法"。应对此类反对意见或者不同看法的能力决定了你的演讲能否取得成功，而且，妥善处理反对意见，可以将消极影响转变为积极的推进力，为演讲成功助力。

为什么这点至关重要

应对反对意见时的表现会影响你演讲的感染力。

- 如果你无法妥善应对反对意见，你的可信度会受到影响。
- 妥善应对反对意见，可以表明你对演讲主题的理解非常透彻。
- 有力的回应可以印证你自己的观点。
- 如果你能应对不同的看法，听众会更信任你。
- 内涵丰富的答案能够彰显你在该领域的权威。

林恩解决反对意见的方法需要听众的全力配合

怎么做

如果答案显而易见,那么直接回答听众。比如前述的反对意见,实际是听众看待问题过于笼统或者以偏概全造成的。

在这样的情况下,请注意不要立即反驳提问者,主要是因为以下 3 个原因。

- 几乎可以肯定的是,你需要从听众一方获取足够的信息,才能给出万无一失的答案;
- 听众可能会觉得你没有认真考虑他们的观点;
- 过快回应可能导致"乒乓效应"[①]。

你应该采取以下 6 个步骤应对听众的不同看法。

步骤 1 鼓励

放下戒备心,拿出好奇心。

---

① 乒乓效应指的是在两个不同的状态之中来回变化。——编者注

- 使用开放的肢体语言。
- 手臂不要弯曲。
- 不要退后,那样好像在闪躲。

步骤2　提问

精心设计的问题可以礼貌地回应听众一概而论的观点。

你可以选择下面几种问题来提问。

(1)封闭式问题(Closed questions)

"这是真的吗?"

这种问题只能以"是"或"否"来作答。

(2)限制式问题(Limiting questions)

"人员、流程或是产品,你关心的到底是什么?"

这种问题会限制答案选项。

(3)开放式问题(Open questions)

"那么,主要问题是什么呢?"

演讲者可以通过"是什么"和"怎么办"类的问题来获取更多信息。

提问时,你应遵循以下两个思路。

(1)找出问题所在

"你为什么这么认为呢?"

"可以说得详细些吗?"

"这种情况多久发生一次?"

(2)探寻解决办法

"在你看来,这个问题该怎么解决?"

"怎么做才能解决问题呢?"

"想要改善现状，你该怎么做？"

> **Tip 小诀窍**
>
> 在应对听众的反对意见时，不要问"为什么"或"为什么不呢"这样的问题。

问"你为什么抱有这种观点"会让事情变得更糟，因为它：

- 置提问者于"不利境地"；
- 让提问者觉得他必须进一步证明自己的观点；
- 在你与听众之间制造了隔阂，听众会觉得自己好像在被审问。

不要重复提及负面的或者带有敌意的内容。

如果听众说"你的想法很糟糕"，那么在回应时不要再重复"糟糕"，因为这是个刺耳的负面词汇。

记得称呼听众的名字，这样可以建立亲和感。

步骤3　表明你在认真听

在听众发言的时候，不要只是一味地倾听，要让听众知道你在认真听他们的发言。你要与听众进行目光交流，在听众讲话时应当点头示意，要聚精会神地听对方讲话。

步骤4　总结

总结听众的发言，确认你的理解是否准确。

- 这表明你认真听了他们的发言。
- 如果你能认真听他们的发言，他们注意听你的回答的可能性也更大。

- 这样可以展示双方已经达成的部分共识。

你可以问对方以下问题。

- "不知我对你刚才说的话的理解是否准确？"
- "你是这个意思吗？"
- "对于你的观点，我总结得对吗？"

如果提问者回答"不是"，请回到步骤2；如果提问者回答"是的"，请继续步骤5。

步骤5　回应

你可以选择下面几种方法来做出回应。

- 提供答案；
- 询问提问者的想法；
- 询问其他听众。

步骤6　检查

这一步是为了检查提问者对你的回答是否满意。

- "我的回答解决了你的问题了吗？"
- "你满意我的回答吗？"
- "不知我解释清楚没有？"

如果提问者回答"是的"，请感谢他们的参与；如果提问者回答"没有"或者"不完全是"，那么你需要问以下问题。

- "你还有什么疑问？"
- "你希望我解释什么？"
- "哪个地方我没有说清楚？"

如果你无法回答听众关心的问题，该怎么办？

- 如果你不知道答案，但说无妨。
- 解释你不知道答案的原因。
- 告诉听众你会找到答案并告诉他们。

当你习惯于应对反对意见和不同看法时，你的演讲会更加顺畅、自如。

> **Try | 轮到你了**
>
> （1）在日常聊天中，如果有人不同意你的观点，先不要急着为自己辩解，尝试问对方一个"开放式问题"。
>
> （2）在下一次演讲之前，找人和你一起练习秘诀 59 中应对反对意见的 6 个步骤。
>
> （3）你提出反对意见，让别人针对你的反对意见练习秘诀 59 中的 6 个步骤，这样你就会明白这种方法的效果。

> **More | 深度学习资源**
>
> 《激发潜能：NLP 成功法则》（*NLP at Work: The Difference that Makes a Difference in Business*），苏·奈特（Sue Knight），2002.
>
> 该书的第 6 章"准确提问"可以培养读者的提问技巧，帮助读者合理应对不同场合中的异议。阅读本书可以学习 NLP 在沟通技巧和其他领域中的应用。

秘诀 60

让演讲在高潮中收尾

想要你的演讲达到预期的效果，那么如何结束显然非常重要。但是，很多演讲的结尾都不够振奋人心。我们经常会听到演讲者说："好吧，由于时间有限，今天只能到此为止，谢谢大家。"这其实会对演讲产生不好的影响。精心设计的结尾可以激励听众，点燃他们的热情，让他们将你所讲的内容付诸实践。

为什么这点至关重要

演讲必须有一个好结尾，主要有以下几个原因。

- 好的结尾可以巩固你的观点。
- 听众总是会记住你最后说的话。
- 听众会带着对你的积极印象离开会场。
- 好的结尾可以鼓舞听众。
- 令人振奋的结局可以激励人们采取行动。
- 好的结尾可以提升你对未来演讲的信心。

怎么做

向听众展示美好未来的蓝图。

做好 3 件事可以让演讲在高潮中收尾。

多琳总是试图让演讲在高潮中结束，团队的欣喜反应总让她始料未及

1. 确保听众已经记住了主要观点

- 总结你演讲中的要点；
- 重复演讲中的关键信息；
- 将关键信息投影在屏幕上；
- 用一张有冲击力的幻灯片来总结要点；
- 使用引言来概述你的演讲内容。

2. 发出你的行动号召

在演讲结束时，你应该让听众思考他们该如何应用你在演讲中提到的内容。你希望听众如何行动？你可以这么说。

- "那么，你们可以结合自身的情况，想想我的演讲能在哪些方面帮助你们。"
- "这件事情非常重要，我希望你们能广而告之。"
- "所以下一次当你们遇到类似情况的时候，你们的做法会有什么不同？"

在行动号召的部分加入问句，可以启发听众独立思考。

> **Tip 小诀窍**
>
> 行动号召要简单清楚，这样听众才更可能行动起来。

3. 描绘全新未来

- 向听众形象地描述在响应行动号召之后他们会有怎样的变化。
- 通过描述事情的变化，让人们放眼未来。让听众想象美好的未来可以激励他们，让他们支持你。

克里斯·安德森称之为"镜头回拉"（camera pull-back），他是这样解释的："在演讲的结尾，向听众展示未来的蓝图，展示你的演讲可能带来的诸多转变和可能。"

为了尽量增强演讲结尾的感染力，你需要告诉听众，响应号召带来的好处不仅覆盖面广，而且影响程度深。你还需要说明，他们的行动可以产生"多米诺骨牌效应"，它带来的收益会不断增加。

- 告诉听众短期、中期和长期的收益有哪些。
- 强调听众从行动中受益的情况非常多。

你可以这么说。

- "下周前我们就会看到成效。"
- "大家可以想象明年的这个时候……一切可能都会大为改观。"
- "想一想我们能做出的巨大改变。"

用你的声音、肢体语言，为你的结语注入激情。在说完结语之后，只需简简单单地说一句"谢谢"，这足以让听众送上热烈的掌声。

明确地告诉听众，你的演讲结束了。

这就像一场音乐表演，如果听众觉得表演结束了，他们会开始鼓掌；如果他们认为表演还没有结束，他们会坐着不动，不会献上掌声。

> **Tip 小诀窍**
>
> 写下有感染力的结语，反复练习，让听众一听到就知道这是结语。

> **Try 轮到你了**
>
> (1) 设想你的下一场演讲。
>
> (2) 基于上述 3 点，写下你结语中可能用到的关键表述。

附　录

演讲评价指南

内容和结构

- 有力的开头——抓住听众注意力，提升听众对演讲主题的关注度。
- 清晰的关键信息——易于听众理解、记忆。
- 逻辑脉络——思路清晰，易于理解。
- 对比——变换节奏，让听众对演讲保持兴趣。
- 措辞——选择能让演讲更生动、形象的表述。
- 既要引发听众的思考，又要震撼听众的心灵。
- 故事——让听众记住演讲，并且为演讲注入感情。
- 比喻——让观点更易于理解。
- 案例研究——举出相关的例子或者适合的论据。
- 令人震惊的事实——列出令人惊讶的事实和数据。
- 强有力的结尾——总结主要观点，发出行动号召，描绘全新未来。

视觉辅助手段

- 幻灯片内容多样，比如有令人难忘的图片、图表、示意图。
- 采用其他有效的视觉辅助手段，比如活动挂图或者白板。
- 对视觉辅助手段进行预先介绍，对其做详尽的解释说明。

演讲风格

- 能量——演讲者需要展示激情，并且对自己的演讲内容坚信不疑。
- 声音——以适宜的强度展现你的声音，语速、音调和音量都需要变化多样，以此来吸引听众。
- 目光交流——与听众进行目光交流。
- 手势——使用生动的描述性手势和强调观点的手势。
- 站姿——使用可以增强演讲者可信度的自信站姿。

希望你能提供具体的反馈意见，对于演讲中效果较好和较差的部分、针对你听到和看到的内容，给出具体的说明和建议。

听众反馈表

演讲人：_____

听　众：_____

谈话、演讲或陈述的标题：_____

1. 优点：

2. 需要改进的地方：

感谢您的意见与建议。

致 谢

首先，我要感谢培生教育的埃洛伊丝·库克（Eloise Cook），在本书的写作过程中，您深刻的见地和反馈意见给予了我很大的帮助；同时也感谢培生教育的整个团队，我特别要感谢费利西蒂·贝恩斯（Felicity Baines）、梅拉妮·卡特（Melanie Carter）、普里亚达什尼·达纳哥帕尔（Priyadharshini Dhanagopal）以及萨拉·欧文斯（Sarah Owens），我要为你们出色的工作点赞。

我还要感谢一直耐心支持我的爱妻林达（Lynda）。我一遍遍地让你对我的各种想法、草稿、卡通画发表看法，你不厌其烦地给予我反馈意见，感谢你的耐心。

感谢我的助手安·马克库洛（Ann McCullogh），感谢你所有的付出，特别是你利用自己的语言学专长为我检查书稿。感谢我的好朋友马丁·奥斯汀（Martin Austin），感谢你对本书的建设性意见，感谢你在写作过程中给予我的帮助。

同时也要特别感谢我的老友，也是我的培训师同事简·朱尔斯（Jan Jewers）。无论是我做演讲者还是做写作者，你都对我的工作给予了慷慨而宝贵的支持。

还有许多人对我的工作给予了指引、指导和帮助，或者是奉献了宝贵的时间，你们的付出是我思维的源泉。感谢大家，尤其是伯纳德·阿莫斯（Bernard Amos）、金伯利·黑尔（Kimberley Hare）、已故的帕特里克·黑尔（Patrick Hare）、奈杰尔·希思（Nigel Heath）和珍妮·希思（Jenny Heath）、亨丽埃塔·莱特（Henrietta Lait）、克里斯·麦克洛斯基（Chris McCloskey）、尼尔·马拉基（Neil

Mullarkey）、帕梅拉·勒普顿－鲍尔斯（Pamela Lupton-Bowers）、佩妮·汤普金斯（Penny Tompkins），詹姆斯·劳利（James Lawley）、朱利安·罗素（Julian Russell）、大卫·索伦（David Soehren）和伊丽莎白·索伦（Elizabeth Soehren）、艾德·托马斯（Ed Thomas）以及罗德·韦伯（Rod Webb）。

我在神经语言程序学领域拥有多位出类拔萃的优秀老师。特别感谢苏·奈特（Sue Knight）、伊恩·罗斯（Ian Ross）、约翰·欧沃德福（John Overdurf）和朱莉·西尔弗索恩（Julie Silverthorn）。你们让我取得了长足的进步。

我的培训师同事以及其他演讲者为本书提供了巨大的帮助，也让我受益良多。感谢大家，特别是简·博伊德（Jan Boyd）、蒂姆·费伦（Tim Fearon）、尼克·哈勒特（Nic Hallett）、利兹·豪厄尔（Liz Howell）、苏·哈利（Sue Harley）、罗伯·哈耶斯（Rob Hayes）、克里克特·坎普（Cricket Kemp）、威尔·雷克曼（Will Lakeman）、阿拉斯泰尔·奥尔比（Alastair Olby）、格雷厄姆·史密斯（Graham Smith）、尼尔·塔彭登（Neil Tappenden）。

感谢我的听众以及参与我工作坊的老师、学生和孩子们，你们给予了我很多灵感与启发。同样，我也想感谢我的客户，感谢你们多年来的鼓励，特别是玛利亚·康特（Maria Conte）和约翰·斯沃洛（John Swallow）。

我为许多作家、演讲者和研究人员的作品配过画，其中就包括许多TED和TEDx的演讲者。感谢海伦·比塞特（Helen Bissett）和TEDxHull的团队，同时也要感谢TEDx维也纳的创办人弗拉德·戈兹曼（Vlad Gozman）以及他率领的团队，正是他们为我提供了演讲的平台，我自己也得以在演讲中不断成长。

感谢我的儿子大卫（David）和安德鲁（Andrew）以及儿媳凯蒂（Katy），感谢你们长期以来对我的支持。同时感谢我的母亲和我过世的父亲，感谢你们的鼓励和多年来为我做的点点滴滴。

最后，我想把这本书献给我一岁的孙子芬利·肖（Finley Shaw），他是大家的开心果，他不需要读任何关于如何吸引别人注意力的书就能成为大家关注的焦点。

作者简介

格雷厄姆是国际演讲家、演讲教练，也是沟通艺术方面的专家。他与全球众多重要组织合作，帮助无数人学习如何做出精彩的谈话、演讲和陈述。他还指导过许多 TEDx 演讲者，让他们成功地做出充满感染力的演讲。

数百万人在网上观看过格雷厄姆在 TEDxHull 和 TEDx 维也纳上的演讲，你现在也可以在 TED 演讲网站的视频库中欣赏这些演讲。

格雷厄姆此前的著作《黏性沟通：通过画图让你的信息更有黏性》（*The Art of Business Communication*）入围英国特许管理协会"2016 年管理学年度图书"评选，该书向读者介绍如何用寥寥几笔画出的简笔画来表达想法，达到令人难忘的沟通效果。

格雷厄姆的寓所离伦敦不远，他热衷于跑步，钟情艺术、心理学和体育运动。

版权声明

Authorized translation from the English language edition, entitled *The Speaker's Coach: 60 secrets to make your talk, speech or presentation amazing*, ISBN 978-1-292-25094-6, by Graham Shaw, Copyright © Pearson Education Limited 2019 (print and electronic).

All rights reserved.

No part of this book may be reproduced or transmitted in any form or by any means, electronic or mechanical, including photocopying, recording or by any information storage retrieval system, without permission from Pearson Education Limited.

本书中文简体字版本由 Pearson Education Limited（培生教育出版集团）授权人民邮电出版社有限公司在全球独家出版发行。未经出版者许可，不得以任何方式复制或节录本书的任何部分。

版权所有，侵权必究。

本书封面贴有 Pearson Education（培生教育出版集团）激光防伪标签。无标签者不得销售。

著作权合同登记号　图字：01-2019-5171 号